凉山州非物质文化遗产名录丛书（第一辑）

凉山州文化广电新闻出版局 编

中国社会科学出版社

图书在版编目(CIP)数据

凉山州非物质文化遗产名录丛书. 第1辑／凉山州文化广电新闻出版局编.
—北京：中国社会科学出版社，2015.11
ISBN 978-7-5161-6714-4

Ⅰ.①凉… Ⅱ.①凉… Ⅲ.①文化遗产—凉山彝族自治州—名录
Ⅳ.①K297.12-62

中国版本图书馆 CIP 数据核字(2015)第 170324 号

出 版 人	赵剑英
选题策划	郭沂纹
责任编辑	郭沂纹　安　芳
责任校对	董晓月
责任印制	李寡寡

出　　版	中国社会科学出版社
社　　址	北京鼓楼西大街甲 158 号
邮　　编	100720
网　　址	http://www.csspw.cn
发 行 部	010-84083685
门 市 部	010-84029450
经　　销	新华书店及其他书店
印　　装	北京君升印刷有限公司
版　　次	2015 年 11 月第 1 版
印　　次	2015 年 11 月第 1 次印刷
开　　本	787×1092　1/16
印　　张	13
字　　数	218 千字
定　　价	158.00 元

凡购买中国社会科学出版社图书，如有质量问题请与本社营销中心联系调换
电话：010-84083683
版权所有　侵权必究

《凉山州非物质文化遗产名录丛书》编委会

顾问：施遐　泽波
主任委员：陈方勇
副主任委员：安图　黄玉梅
委员：

施遐	陈方勇	安图	巴莫曲布嫫	景志明
倮伍拉且	沙马打各	吉则利布	洛边木果	嘎哈史者
贾斯拉黑	阿余铁日	吉伍依作	沙玛瓦特	安启祥
吉克曲布	曾令士	俄木沙马	吉日洛戈	汤文钰
罗果果	彭蓉	伍兴明	李明康	克惹丹夫
周大海	孙子拉约	何万敏	安纹忠	吉郎伍野
沙马木乌	某色阿沙	何刚	南正才	阿来果铁
克惹晓夫	阿苏越尔	叶峰	列索阿格	卢德富
杨德隆	龙劲波	巴且日火	阿牛木支	阿牛史日
阿吉拉则	俄比解放	时长日黑	杨庆	米伍作
李达珠	郝应芬	沙学忠	马曲博	马海日古
阿余呷呷	马尔子	骆木甲	鲁绒日丁	李平
火补舍日	瓦渣克基	罗布合机	曲毕卧龙	阿克鸠射
老板萨龙	马加也			

统筹：姚永梅　吉伍依作

《凉山州非物质文化遗产名录丛书·第一辑》编写委员会

主编：陈方勇

副主编：阿牛木支　安图　沙马打各

编写：吉则利布　曾令士　李达珠　沙马打各
　　　阿牛木支　安图　叶峰　吉伍依作

摄影：游小军　邹森　单孝勇　冷文浩　孙志阳　阿牛史日　马飞

编务：姚永梅　杨庆

让承载祖先智慧和情感的非物质文化遗产永久存续（代序）

凉山不仅是全国最大的彝族聚居区，也是四川省民族类别最多、少数民族人口最多的地区。境内居住着彝、汉、藏、蒙古、纳西、傈僳、苗、布依、回、满等14个世居民族。历史以来，是"藏彝民族走廊"的核心区域。

特殊的地理环境使凉山形成了一个天然的独特区域整体，不仅为千百年来繁衍生息于其间的各个民族提供了生存空间与活动舞台，而且使各兄弟民族在这片土地上共同创造的多元共生文明完好存续下来。诸如充满神性的彝族毕摩与苏尼文化、色彩亮丽的彝族漆器文化、矜持内敛的彝族服饰文化、飘逸婉转的彝族民歌文化、激情昂扬的彝族火把节庆文化、洋溢阴柔之美的摩梭人母系文化、深深镌刻山地特质的傈僳族文化、神秘莫测的藏族尔苏人文化等地域性特色文化都绽放着独特的文化光芒，并因其内涵底蕴厚重、表现形式丰富多样、风情浓厚和古朴，在州内外具有较大的影响力和辐射力。这些非物质文化遗产是凉山人们长期在生产生活实践中形成的智慧与文明的结晶，也是民族民间文化艺术的突出代表和重要组成部分。它完整地凝聚着凉山各族人民千百年来形成的文学、美学、艺术、宗教、政治、哲学及习俗等方面的传统观念和思维方式，在民间具有广泛的影响力和较高的知名度。

近年来，在凉山州州委、州政府的正确领导下，在州文化广电新闻出版局的努力下，凉山的非遗保护工作取得了卓著的成绩，始终保持引领四川省非遗保护的第一方阵。早在2010年就颁布了《凉山彝族自治州非物质文化遗产保护条例》，成为全省乃至全国首个专门为非物质文化遗产实施立法保护的地区；率先创办了"凉山非遗"网站和《凉山非遗》内部性资料，启动了《凉山州非物质文化遗产名录丛书》的编纂工作和"中国首张彝族非物质文化遗产音乐专辑"编录工作；以整体性保护的思路率先评审公布了州本级"文化生态保护实验区"；创新性地提出非遗保护"四个一"工作思路，即以国家级非物质文化遗产代表性项目名录为试点，每项非遗项目出版一本图书、一部画册、拍摄一部抢救式人文电视纪录片、创建一个传承传习基地。

目前，凉山州共成功申报国家级代表性项目名录 18 项，省级代表性项目名录 105 项，省级非遗生产性保护示范基地 3 个，省级非遗传习基地 2 个，州级代表性项目名录 222 项。特别值得一提的是，2014 年，彝族火把节被国家文化部遴选推荐申报联合国教科文组织"人类非物质文化遗产代表作名录"，是国家文化部从 1517 项国家级非遗名录中唯一遴选推荐申报的项目，不仅在全球视野下广泛提升了彝族火把节的知名度和美誉度，而且为地区和国家的文化遗产保护起到里程碑式的重大意义和重要作用。

当前，随着全球化趋势的加强和现代化进程的加快，凉山非物质文化遗产受到越来越大的冲击，一些依靠口授和行为进行传承的文化遗产正在不断消失，许多传统技艺濒临消亡，大量有历史价值、文化价值的珍贵实物与资料，遭到毁弃或丢失。各地区农村外出务工青年人数与日俱增，人口流动性增强，加之各地文化生态环境急剧恶化，且非物质文化遗产保护基础理论与实践研究滞后，不能适应非物质文化遗产保护与利用、继承与发展的需要。这些问题都在一定程度上影响着工作的开拓性和持续性，因此，凉山州非物质文化遗产工作任重道远。

非物质文化遗产是一个民族古老的生命记忆和活态的文化基因，只有在相对系统的文化空间里，才能得到有效的保护和传承。"三位一体"的创新模式，为非遗传统提供了一个相对完整的原真性土壤，最大限度地保护了非遗的生存空间，这对非遗的保护工作确有探索性的意义。为了传承非物质文化遗产，永久留存人类的共同记忆，呈现民族的文脉和精神的家园，凉山州抢先谋划分期编写出版《凉山州非物质文化遗产名录丛书》，这是非遗保护又一实实在在的基础性工作。

　　它无疑将成为凉山州文化建设和历史传承的一批重要成果，借此我向为此而付出辛勤劳作和提供智力支撑的所有凉山文化工作者和文化遗产传承人表示感谢，希望这一创举性的工作能为凉山州非物质文化遗产保护增添源动力，庶不辜负时代赋予我们的神圣使命和职责！

泽波（四川省文化厅副厅长）
2015 年 3 月 16 日

目　　录

第一章　彝族火把节 ……………………………………………………（1）

　第一节　火把节概述 …………………………………………………（1）

　　一　火把节起源的传说 ……………………………………………（3）

　　二　火把节的分布区域 ……………………………………………（8）

　　三　火把节的传承与变迁 …………………………………………（10）

　　四　火把节传承人的存续状况 ……………………………………（13）

　第二节　火把节的程式及内容 ………………………………………（14）

　　一　火把节的程式 …………………………………………………（14）

　　二　火把节的内容 …………………………………………………（20）

　第三节　火把节的特征 ………………………………………………（38）

　　一　民族性 …………………………………………………………（38）

　　二　群众性 …………………………………………………………（41）

　　三　地域性 …………………………………………………………（42）

　　四　祭祀性 …………………………………………………………（43）

　　五　竞技性 …………………………………………………………（45）

　　六　综合性 …………………………………………………………（47）

　　七　象征性 …………………………………………………………（49）

　　八　活态性 …………………………………………………………（51）

　　九　流变性 …………………………………………………………（52）

　第四节　火把节的价值与功能 ………………………………………（54）

一　火把节的价值 …………………………………………………… （54）
　　二　火把节的功能 …………………………………………………… （59）
　第五节　火把节的传播与影响 ………………………………………… （63）
　　一　火把节的传播 …………………………………………………… （63）
　　二　火把节的影响 …………………………………………………… （66）

第二章　甲搓舞 ……………………………………………………………… （68）

　第一节　甲搓舞概述 …………………………………………………… （68）
　　一　甲搓舞的起源 …………………………………………………… （69）
　　二　甲搓舞的分布区域 ……………………………………………… （70）
　　三　甲搓舞及其传承人的存续状况 ………………………………… （70）
　第二节　甲搓舞的表现形式及基本内容 ……………………………… （72）
　　一　甲搓舞的表现形式 ……………………………………………… （72）
　　二　甲搓舞的基本内容及其具体动作 ……………………………… （75）
　第三节　甲搓舞的艺术特征 …………………………………………… （78）
　　一　民族性 …………………………………………………………… （78）
　　二　协调性 …………………………………………………………… （78）
　　三　多样性 …………………………………………………………… （79）
　　四　兼容性、综合性和完整性 ……………………………………… （80）
　　五　民众性 …………………………………………………………… （81）
　第四节　甲搓舞的价值与功能 ………………………………………… （81）
　　一　甲搓舞的价值 …………………………………………………… （81）
　　二　甲搓舞的功能 …………………………………………………… （83）

第三章　彝族口弦音乐 ……………………………………………………… （85）

　第一节　口弦音乐概述 ………………………………………………… （85）
　第二节　口弦的分类与制作 …………………………………………… （87）
　　一　口弦的分类 ……………………………………………………… （87）
　　二　口弦的制作 ……………………………………………………… （89）

第三节　口弦音乐的表演形式及基本内容 …………………………（92）
　　一　口弦音乐的表演形式 …………………………………………（92）
　　二　口弦音乐的基本内容 …………………………………………（93）
第四节　口弦音乐的艺术特征 ……………………………………（95）
　　一　鲜明的民族性与音乐的丰富性 ………………………………（96）
　　二　特有的"泛音旋律"的审美性特征 …………………………（97）
　　三　口弦"话语音乐"的人文性与社会性 ………………………（98）
　　四　口弦及其音乐传承与时空选择性 ……………………………（100）
第五节　口弦音乐的价值与功能 …………………………………（101）
　　一　口弦音乐的价值 ………………………………………………（101）
　　二　口弦音乐的功能 ………………………………………………（107）
第六节　口弦音乐的文化空间 ……………………………………（109）

第四章　《玛牧》 ……………………………………………………（111）
第一节　《玛牧》概述 ……………………………………………（111）
　　一　《玛牧》的历史渊源 …………………………………………（111）
　　二　《玛牧》的流布区域 …………………………………………（112）
　　三　《玛牧》的传承与保护 ………………………………………（113）
　　四　《玛牧》传承人的存续状况 …………………………………（117）
第二节　《玛牧》的基本内容 ……………………………………（118）
　　一　按照自然法则，结构首尾相呼应 ……………………………（118）
　　二　以年龄为线索，教育主线纵贯人的一生 ……………………（120）
　　三　教育内容丰富，涉及面广 ……………………………………（122）
第三节　《玛牧》的特征 …………………………………………（123）
　　一　诗言性 …………………………………………………………（123）
　　二　育人性 …………………………………………………………（123）
　　三　哲理性 …………………………………………………………（124）
　　四　渐进性 …………………………………………………………（124）
　　五　阶层性 …………………………………………………………（125）

六　活态性 …… （125）
　　七　流变性 …… （126）
  第四节　《玛牧》的价值与功能 …… （126）
　　一　《玛牧》的价值 …… （126）
　　二　《玛牧》的功能 …… （127）
  第五节　《玛牧》的传播与影响 …… （131）
　　一　《玛牧》的传播 …… （131）
　　二　《玛牧》的影响 …… （140）

第五章　毕摩绘画 …… （142）
  第一节　毕摩绘画概述 …… （142）
　　一　毕摩绘画的起源 …… （144）
　　二　毕摩绘画的传承与变迁 …… （149）
　　三　毕摩绘画分布区域及其传承人的存续状况 …… （155）
  第二节　毕摩绘画的内容与分类 …… （157）
　　一　护法防卫类神图 …… （157）
　　二　祭祀神座图及插图尾花 …… （161）
　　三　驱鬼除患类木板画 …… （161）
　　四　占卜绘画 …… （162）
  第三节　毕摩绘画的形式表现及艺术特征 …… （163）
　　一　毕摩绘画的形式表现 …… （163）
　　二　毕摩绘画的艺术特征 …… （168）
  第四节　毕摩绘画的审美意识 …… （171）
　　一　万物有灵意识 …… （171）
　　二　意念意识 …… （172）
　　三　线、形意识 …… （173）
　　四　色彩意识 …… （174）
　　五　材质意识 …… （175）
  第五节　毕摩绘画的价值与功能 …… （176）

一　毕摩绘画的价值 …………………………………………（176）
　　二　毕摩绘画的功能 …………………………………………（183）

附录　凉山州国家级非物质文化遗产代表作名录 ……………（186）

参考文献 ……………………………………………………………（187）

后记 …………………………………………………………………（189）

第一章　彝族火把节

第一节　火把节概述

火把节，彝语称"都则都格"，也可简称"都则"，"都"即"火"之意，"则"即"归还或还债"，"都则"意为"祭火"；"格"即"玩耍"，"都格"意为"玩火或耍火"；整个词直译为"祭火玩火"，意译应该为"以火除祟"。每年农历六月二十四日到二十六日，居住在四川、云南、贵州、广西等四省区的彝族和彝语支的民族，都要过规模宏大、内容丰富、场面壮观、参与人数众多、最具浓郁民族特色的盛大节日——火把节。

凉山彝族有崇火恋火的习俗，彝族生不离火，死也离不开火。凉山彝族视火为神灵的化身、人财两旺的源泉，火给人衣、食、住、行之便，有驱虫镇鬼的作用；火是红色的，红色代表血液，是生命的象征、灵魂升华的象征，也是爱情的象征。红色是彝族最喜爱的颜色之一。凉山彝族认为，人活着，血液就在流淌，人死后也就不再产生血液了。因此，彝族在送祖念经祭祀天地山川的仪式中，经常把血液泼洒在金树枝或岩石上，血液是最好的祭品，它代表着人的生命和灵魂，缔结盟约对天发誓时，盟誓双方要饮牲口血或以血涂抹在口旁，以表示生命的承诺。因为血液象征了生命，人们便自然地用血或血红色来抗拒鬼——死亡世界。凉山彝族认为万事万物只要经过熊熊烈火的洗礼后就可能再次得到升华和再现。

清《西昌县志·夷族志》载："倮俗每岁冬年夏节各一，以阴历建子月为岁首，庆贺新年，谓之过年。夏节则在阴历二十四日。阴历季夏六月二十四日，为倮族火把节。倮夷于此节每村共酿金购老牛一，于先一日夜半椎时每家出火把一环围呼吼,至过节日烹其牛,合村聚宴,吹箫管,弹月琴,唱歌跳舞为乐,谓之跳锅庄。日夕每家出大火把一,植门外燃之,另执较小者,行绕所耕种之田地间,且行且舞,以祈丰年。到第三日,则扫集火把之炭渣,以酒肉远送之。"清《冕宁县志·夷族志》载:"倮猡,每岁六月二十四日宰牛羊祭之。夜燃炬聚饮。"火的民族,火塘边长大的儿女,男的锻造着太阳,女的编织着月亮。火塘的火光,永远温暖着彝族,陪伴着彝族迎来一个又一个新的太阳。火,对于彝族人来讲,是崇拜的图腾,彝人生下来第一眼看见的光明是火塘,忌讳人畜从火塘上踩踏或跨行,忌讳把不洁净的东西在火塘里烧、煮;彝人穿戴最美的象征火的服饰是红裙子、红缨斗笠、红珠项链;彝人最欢乐的节日火把节,是火红的节日,是狂欢的节日。

彝族的火把节异彩纷呈,盛况迭起。节日期间,各地各族人民聚集到宽敞的坝子上,人如潮涌,白天群众性的歌舞、游艺活动此起彼伏;夜晚火把如游龙。在火光的照耀下,在堆堆篝火旁,人们尽情地唱歌、跳舞,村村寨寨欢歌笑语,一片欢腾,通宵达旦,历数日而不衰。节日期间除了举办传统的斗牛、

图1-1 普格火把节的夜晚

斗羊、斗鸡、赛马、摔跤、选美等竞技活动外，还有阿托皋、朵乐荷、左脚舞、大锣笙舞、达体舞、口弦、月琴、彝式竖笛等民俗歌舞娱乐活动。彝族火把节之夜那热烈、磅礴、疯狂的场面，令人陶醉；彝族称火把节是玩耍的日子，是眼睛的节日，外国友人称火把节是东方的狂欢节、东方的情人节。古时欢度火把节要十来天，现在一般规矩为三天，也有四五天的。关于火把节的起源，前人多认为源于火崇拜。然而居住在四川、云南、贵州、广西等四省区彝族和彝语支民族千百年来代代相传，流传区域最广、最有代表性、最受人民群众喜欢、人民群众最公认的说法是：人们为了纪念远古时期彝族英雄阿体拉巴战胜天将，带领彝族民众战胜自然灾害，喜获丰收这一历史事件而每年过火把节。

2006年5月，"彝族火把节"被列入第一批国家级非物质文化遗产名录，同年11月，"彝族火把节"入选"中国十大民俗节"。

一 火把节起源的传说

彝族人对万事万物都有自己独立的关于物种起源的认识，每样物种、每件事都有自己的源流，彝族人称为"博帕"。彝族以口头文学的形式代际传承着关于物种起源的"博帕"文化，在代际口头传承中，由于时代的更替和地区的差异，传承过程中会有同源异流的现象产生，也有不同传承年代中传承者自身社会地位的烙印。关于彝族火把节的传说也不例外，不同方言区对火把节的传说大同小异，从火把节传说中又可以看出不同时间段的时代印记，同时也有口头和文本传承的差异。关于火把节的传说较多，但是，不同的传说其流传地域的广度和对民众的影响力不尽相同。

（一）火把节的传说之一

火把节由来的传说繁多。在凉山彝族地区千百年来代代相传，流传区域最广、最具有代表性、最受人民群众喜欢、人民群众最公认的说法是：远古时期彝族英雄阿体拉巴（有的方言区叫赫体拉巴，还有的方言区叫俄体拉巴）战胜了天神恩体古兹的武将斯惹阿比，人们为庆祝胜利几天几夜打着火把庆祝，年年同一时间农历六月二十四日如此庆祝，久而久之便形成了火把节。

相传，远古的时候，天和地之间有一天梯，天上的人可以沿着天梯到地上，地上的人也可以顺着天梯到天上。那时，彝族居住的这个地方，土地肥沃，气候温和，水草丰美，鸟语花香，人们男耕女织，和睦相处，过着丰衣足食的生活。这种和谐融洽、富足美满的生活，后来被天神恩体古兹知道了。眼看着人间的生活就要超过天上了，他一气之下，便派斯惹阿比到人间强令彝族人民把生产出来的果实当贡品缴纳。天神一来，便凶神恶煞般地向彝族人民索要这样那样的礼物，不给的话，天将便动手捣毁人们播种的庄稼。那时，彝族有个机智勇敢的英雄阿体拉巴，他对天将说："你凭什么要破坏我们人间的幸福生活？"天将斯惹阿比依仗着浑身的力气，蛮横地说："我是天上的天官，奉天王之命，来到地上要贡品的，谁敢来和我比摔跤？要是你们摔倒了我，我就转回天上去，再也不管人间的事！要是不敢出来比，我就要拔光所有从地上长出来的东西，让你们饿死。"斯惹阿比为显一显浑身的力气，他看到山坡上正放牧着牛群，便走过去，首先选了一头腰圆、肩高的黄牛双手一托，就把牛摔到山脚去了。随后，他又找到一头三丈长的大水牛，双手抓住牛角，用力一扭，就把水牛扭倒在地上。正因为有过这样一桩事，所以，以后过火把节时，首先要斗牛。可是人们谁也不愿充当那凶神恶煞般的斯惹阿比，就只好让牛与牛斗角，凉山彝族节日斗牛习俗就从这里来的。地上的勇士阿体拉巴看到斯惹阿比的挑战后，毫不犹豫地站出来，与天将斯惹阿比摔跤，他俩摔了三天三夜，最终天将斯惹阿比被阿体拉巴摔死了。人们看到地上的勇士获胜，从四面八方汇聚到英雄身边，更加起劲地弹奏月琴，吹奏短笛，姑娘们随着乐曲，不停地拍手、跺脚，这就是今天姑娘们成群结队跳朵乐荷舞的由来。天神恩体古兹得知斯惹阿比被阿体拉巴摔死的消息后大怒，要阿体拉巴赔还与斯惹阿比一模一样的"原人"。如果赔不出"原人"的话，他就派"天虫"到人间吃光人们播种的庄稼，让人们饥荒而死。后来在云雀的调解下，双方答应把连接天地之间的梯子烧掉。规定每年到农历六月二十四日时，地上所有的动物都要帮助阿体拉巴向天神恩体古兹赔罪。最有钱的土司，要杀牛来敬祭天神；中等人家，要杀猪、杀羊、杀鸡敬祭天神；穷人家也要杀只鸡来敬祭天神；就算孤寡老人也要做个荞粑馍馍来敬祭天神；就连吃泥巴的石蚌，也得做个泥粑粑来敬祭……

人们为了粮食丰收，消灭害虫，每当农历六月二十四日这天，居住在大西南广袤土地上的广大彝族,家家户户忙着杀牛、杀猪、宰羊、杀鸡敬祭天神,又怕天不知道,所以一到黄昏,大家就点燃99捆干蒿枝和点上99支蒿枝火把。从此,天神把它订成天规:每当农历六月二十四日这天,人们要敬天神,家家户户必须打火把。要不然,害虫要来吃庄稼,天神就要降下冰雹来打庄稼,野兽要来糟蹋粮食。久而久之,这种风俗就形成了彝族火把节。

(二) 火把节的传说之二

火把节的另一种说法是为了纪念、庆祝人类找到了火种。在凉山腹地斯皮梗火(彝语地名)居住的彝族中,至今还流传着这样的一个故事:很早以前,人间没有火,有一个叫勒米的人,精通鸟语,他与老虎、蛙、阿普约曲鸟相约到天上去找火种。结果老虎和青蛙都没有能够打听到火种的出处,失败而归,只有阿普约曲鸟从天上偷听到火种的出处,回到了人间,找来了铁片、石块、火绒草等物,得到了火源。找到了火种,人们高举火炬,狂欢起舞,以示庆贺。据说这天正好是农历六月二十四日,此后相续成俗。民间用这种传统的方式,用铁片敲击石块,引燃火绒草点火的至今还大有人在。每年到了农历六月二十四日这天,彝族民众都要打起火把举办盛会进行庆贺。火把节这几天,人们在村寨的中间竖起一堆高高的火把作为火神的象征,并在火把上挂上羊毛、食物等祭品,民众集聚在一起举行点火把仪式,点大火把的是德高望重的长者,而后大家围着大火把跳舞,之后才点燃各家的小火把,互相祝福。到田间地头去撒火把,祭祀天公地母,以示驱虫除害,祈祷丰收。最后男女欢聚,踏歌起舞。久而久之即成了火把节,这正是由古代沿袭下来的对火的原始崇拜的遗风。

(三) 火把节的传说之三

建兴三年(225),蜀国的汉献帝即位以后,因南面诸郡不满朝廷对边疆地区的政策,在彝族首领勒格斯惹的统领下,他联络了南面的十八家大王对抗朝廷,闹得四川、云南、贵州边陲一带不安宁,汉献帝便派出心腹诸葛亮持皇帝令率军渡过金沙江进行安抚和征战。

由于蜀军远道而来,对金沙江两岸的地理环境不熟悉,也不善于山地作战,多次攻击都无法取胜,反而被勒格斯惹的人马打得大败而四处溃逃。弄得诸葛亮焦头烂额,吃也吃不好睡也睡不着。

诸葛亮想：大军与勒格斯惹在金沙江两岸打了十几仗，都无法决出胜败。勒格斯惹凭借山高路险与蜀军对抗，自己率领的大军一时征服不了，拖延时间，不好向皇上交代。若采取猛攻猛打的话，双方都要死伤无数，各大王将对蜀军的仇恨也会越积越深。最好的办法是智取，捉住勒格斯惹，才能很好地完成安抚任务。

正当诸葛亮左思右想、不得要领之际，有个谋士向他提示：勒格斯惹生性耿直，又很好酒，我们为何不在酒上想办法。诸葛亮听说后，猛然得了一计，决定用酒攻勒格斯惹。他首先叫人赶做了十几个大酒坛子，隔成两层，上面一层装上酒，下面那层留出空间，藏进一些探子。一切准备就绪以后，就放出风声，说北部曹操的军队已经打进了汉中，汉献帝叫诸葛亮立即收兵回成都。勒格斯惹听说后大喜，认为蜀军无心交战，这是切断诸葛亮退路的最好时机，于是打开寨门，带领队伍急急忙忙地冲向蜀军，杀得蜀军丢盔弃甲一败涂地。这样，勒格斯惹未损一人一马就夺得了许多粮草和酒，以为这是老天在保佑自己，以后吃酒不愁了，就下令手下的干将将粮草和酒坛子统统运回山寨。进寨以后，勒格斯惹邀请了汪散斯惹、俄木斯惹及其他各大王，杀猪宰牛予以盛情款待，一起助兴跳舞。庆功会搞得相当热闹，直到深夜才收宴。正当人们进入梦乡时，那些事先藏在酒坛子内的探子悄悄钻了出来，打开寨门，放蜀军进来，里应外合，除了勒格斯惹、汪散斯惹、俄木斯惹精明能干，趁机逃走没有被捉住以外，其他各大王都被捉住了。勒格斯惹、汪散斯惹、俄木斯惹他们逃出来以后，只好逃到森林里继续与蜀军对抗。勒格斯惹也采取计策对付诸葛亮，白天他下令把所有的牛羊关在圈里，人们按照吩咐，白天都到山峰上举行换装游戏，唱歌跳舞；晚上在牛角羊角上绑上松明火把，将牛羊赶上山。这样反反复复游玩给蜀军看。蜀军将领白天看到成群结队的人，在山顶上进进出出，不知有多少兵马，晚上满山遍野都是火把，不知道有多少人在备战，因而不敢上山决战。

一连好几天都是如此，诸葛亮感到非常棘手。最后不得已主动写信求和。信是这样写的："勒格斯惹，夷越与汉本是一家兄弟，何必互相残杀！百姓打起仗来，不是你死就是我亡，这又何苦呢，而且，仗一打起来，没人耕种田地，地被荒芜了，到秋季后无粮可收，百姓吃不饱穿不暖！你我都是明白人，既往不咎，携手并肩保卫边疆吧。"

勒格斯惹接到信后，见诸葛亮有诚意，也给他回了封信："诸葛将军，既然你有诚意，我勒格斯惹并非草木，也非禽兽，请你向献帝奏明，从今年以后，只要不再欺凌边疆夷民，我勒格斯惹不再联络各大王反对朝廷，决意服从汉献帝统率。"

这样一来，双方终归和解，时值农历六月二十四日。诸葛亮在营地设宴招待勒格斯惹及其同伴们，并把几千把汉区带来的农具铁器锄头、几百砣最精致的井盐、几十捆最上好的蜀绣赠给了勒格斯惹。勒格斯惹也照彝族的传统礼仪回赠了几十匹最善跑的建昌马和最膘肥的牛羊给诸葛亮。后来的彝家儿女为纪念历史上这两位英雄，每当到了农历六月二十四日这一天，彝家各村寨的人们都要杀猪宰羊，晚上以玩火把、跳节日舞来庆贺。久而久之便形成了具有浓郁彝族传统特色的民俗节日——彝族火把节。

（四）火把节的传说之四

汉元封年间，云南叶榆酋长曼阿奴之妻阿南夫人，聪慧美丽，被汉将郭世忠看中，郭为霸占阿南便害死了曼阿奴，阿南不从并焚身殉夫。人们为她的贞烈所感动，每年农历六月二十四日便点火把以祭奠之。

（五）火把节的传说之五

距今一百多年前，现属凉山彝族自治州布拖县的奴隶主残酷买卖和虐待奴隶，有个奴隶叫苏呷吉地，他领导成立了一个名为"赤黑日尔"（汉语寓意为"食狗之众"）的组织，奴隶们在他的领导下揭竿而起，纷纷起来反抗奴隶主的残酷剥削和压迫，当地的奴隶主们被打败；后来，被打败的奴隶主联合其他地区奴隶主进行反攻倒算，苏呷吉地带领他的队伍，在农历六月二十四日这天将火把捆在牛角上打败了奴隶主的进攻。这次反抗虽然没有取得最后的胜利，但是，奴隶主们不敢再像以前一样残暴了。后来人们为了纪念他们，在每年的农历六月二十四日这天就打起火把，以过节的方式纪念这次反抗，从此就兴起了火把节。这则故事当然不能作为火把节之源理解，顶多也只能说是火把节之流，因为当时所称的一百多年前，即在清代末期的 1840 年前后，在此事件发生的几千年前，彝族已早有过火把节的历史了。此外，除布拖县境以外，凉山各县市甚至在云、贵、川等广大彝区均有每年过火把节的传统，根本不可能是近百年才从布拖发展而来的。而一个县的奴隶起义，影响的范围有限，绝不可能成全体彝族都遵行的节日来源。

有关火把节起源的传说有很多种，也许这些只是人们的种种想象，或者是在火把节期间发生的事情而被传播与传承。这些记载和传说都不一定是火把节的起源。火把节真正的起源可能就是"人们战胜了自然灾害，获得了丰收"；"人类找到了火种，为了纪念、庆祝"。

火把节的每一种传说以及故事都非常生动、感人。从这些火把节的传说中可以看出彝族先民对于火的认识，他们把火看作人类战胜神力的力量，能够用火祈福消灾，彝族视火为神灵的化身、人财兴旺的源泉、人间幸福的象征。火把节习俗体现了彝民族对火的崇拜，即把火象征为能使庄稼丰收、六畜兴旺、人类免于贫穷和疾病的具有神奇力量的实体。

二 火把节的分布区域

彝族火把节主要分布于北纬22°~29°、东经98°~106°的云贵高原、横断山脉峡谷区和青藏高原东南边缘，以及四川盆地西南边缘，以金沙江南、北两岸的凉山彝族自治州和楚雄彝族自治州。

其中保留最完整、民族风情最浓、最具原始活态性的当属四川省凉山彝族自治州的布拖县、普格县、昭觉县、金阳县、喜德县、冕宁县、越西县、西昌市、宁南县、德昌县、会理县、会东县；云南省楚雄彝族自治州的楚雄市、牟定县、禄丰县、武定县、双柏县、大姚县，云南省昆明市的石林县、禄劝县；云南省大理白族自治州的巍山县、祥云县，云南省红河哈尼族彝族自治州的元阳县、石屏县、弥勒县、富宁县；贵州省的威宁县、水城县、大方县；广西壮族自治区的隆林县、那坡县、睦边县等地区。这些县市都是火把节的重点分布区。

此外，在邻近的白族、纳西族、哈尼族、傈僳族、拉祜族、基诺族、布朗族、普米族等众多彝语支民族杂居区也一直有过火把节的传统。火把节在凉山彝族的古彝语中称为"朵者"或"朵楚"，后来演变为"都则"。"朵"和"都"都是"火"的意思，"则"的本义是"赔偿"，千百年来的彝族火把节使"则"发生了引申义，即"节日"之意，"都则"特指居住在云南、贵州、四川、广西四省区彝族和彝语支民间最浓郁、最古朴的传统盛大节日——火把节。

历史上,"都则"这一民俗曾广泛流存于云南、贵州、四川、广西四省区彝族和彝语支民族中,有关"都则"的传说也很多,但大致都有一个"人们以火把战胜天神降下的害虫"这一说法,进而有了夏季驱邪灭虫的祈祷意义,以及以此寓意人类战胜自然的民族精神。由于农耕文明的逐渐削弱、外来文化的冲击以及工业文明和旅游业的迅猛发展等诸多因素的影响,彝族火把节呈现出官方化、简略化、遗漏化和非传统化的趋势,唯有四川省凉山彝族自治州的布拖县、普格县保留了浓郁古朴、原汁原味的彝族传统火把节,故享有"火把之乡"的美名。

四川省凉山彝族自治州,位于青藏高原东缘横断山脉北段向四川盆地的过渡地带,北起大渡河,南临金沙江。这里有陡峭的山势,突兀的群峰,奔流的江河,磅礴的大山,美丽的高原,星罗棋布的高原湖泊,是中国最大的彝族聚居区,堪称"中国彝族原生态文化博物馆"。

布拖县和普格县位于四川省凉山彝族自治州的东南部,历史上是一个县,曾经历几分几合,1963 年正式分为两个县。两县以乌科梁子作为分水岭隔山相连,地处东经 102°26′~103°03′,北纬 27°13′~27°55′。北起州府西昌,南接云南巧家,东起西溪河,西至螺髻山,总面积为 3603 平方千米(其中布拖县 1685 平方千米、普格县 1918 平方千米),全境皆山区,密林深箐,岭谷连绵,海拔最高点在螺髻山主峰 4359 米,海拔最低点在布拖县西溪河入金沙江河口处 535 米。两县总人口 2010 年统计为 31 万多人,其中彝族人口占 85.5%;主要植被自下而上分为:海拔 2000 米以下是云南松林;2000~2800 米是黄背栎为主的常绿阔叶林;2800~3100 米是云南铁杉、桦木为主的针阔叶混交林;3100 米以上是川滇冷杉和高山灌丛草甸。林木中有国家保护的连香树、长苞冷杉树和 72 种绚丽多彩的杜鹃花,其中,四川省首次发现并以"普格杜鹃"命名的乳黄色杜鹃花最为珍奇,当地彝人很喜欢杜鹃花并称其为"索玛花",故火把节选出的彝家美女也称为"金索玛"、"银索玛"。

凉山彝族自治州民主改革(1956)以前,布拖、普格居民相互往来主要靠羊肠小道,山道日行 50 里还需要两头搭黑,交通通信起步晚,发展慢,使布拖、普格的彝民族和外地交往极其有限，形成了独立完整的文化圈。凉山彝族火把节是凉山彝族众多传统节日习俗中规模最大、内容最丰富、场面最壮观、参与人数最多、最具浓郁民族特色的世代相传的盛大节日，历时三天三夜，是典型的按照民间传统习惯的固定时间和场所举行的综合性的节日庆典活动，其主要内容有三个方面：一是杀牲，以酒肉祭祖，祈求丰年，拜访亲友，互祝平安；二是举行斗牛、斗羊、斗鸡、赛马、摔跤、选美等民间娱乐竞技活动；三是夜间打火把，避邪驱灾，并在火把的照耀下，在篝火旁通宵达旦地尽情唱歌、跳舞，呈现出村村寨寨欢歌笑语，一片沸腾、壮观的民俗节日景象。

凉山彝族火把节是典型的传统民俗文化节日活动，它以彝民族崇尚火的精神理念构建了独特的火把文化空间，具有鲜明的文化表现形态，主要有打火把念诵祝词，举火把狂欢，杀牲祭祀习俗；摔跤、赛马、斗牛、斗羊、斗鸡、射箭和爬杆等民间娱乐和体育竞技活动；彝族赛歌、跳朵乐荷舞、选美等原生态文化手法，以彝族特有的传统民俗、民间音乐、舞蹈、竞技、狂欢等展示表现彝族火把文化的人文景观；在彝族传统思想中，崇火恋火，视火为神灵和人财两旺的源泉以及生死与共的文化情结生生不息，火把节是彝族崇尚火的集中体现。火把以圣洁、正义、光明、力量作为彝民族的精神范式，也是整体族群共同实现文化认同的典型表征，其所高扬向往光明与热爱生活的思想，长久、深刻地影响着彝人的理想信念，规范着彝人的社会行为，并对彝民族社会的和谐发展产生着重大影响。

三 火把节的传承与变迁

火把节是居住在四川、云南、贵州、广西等四省区彝族和彝语支民族最浓郁最古朴的传统盛大节日，是历史最悠久、形态最古朴、最具民族特色和最为浓郁鲜明的，以火为核心，以火把为主题举办的民俗节庆盛典。彝族火把节从有史料记载以来，每年农历六月二十四日到来时，彝家村寨都要自行举办，各家各户都要杀牛、杀猪、杀羊、杀鸡敬祭天神，从未间断过。改革开放以来，彝族人民又将浓郁的民族风情与新时代精神结合，给古老的彝族民间传统节日火把节注入新的内容。凉山彝族自治州境内的各县乡镇都要举办火把节，参与人数众多，规模越来越大，越来越引起四海嘉宾的浓厚兴趣。1994 年以来，凉山州人民政府先后举办了六届规模宏大的"中国凉山彝族国际火把节"，参加火把节的中外来宾最多时达12万人，2007年第五届国际火把节主会场西昌，参加狂欢夜的人数多达32万人（官方统计数字）。现在政府除积极弘扬传统民族节庆外，还组织火把节商贸洽谈会、火把节论坛、火把节民族服饰展销会及各种名优特新产品交流招商引资等活动，使这一传统节日富有新的时代特征，促进了当地的社会和经济的全面发展。彝族人民群众在传统节日里继续享受着这一丰富多彩、高尚、健康、振奋精神的文化生活。火把节举办的商贸活动满足了不同年龄、不同职业、不同趣味、不同文化层次、不同教育背景的众多消费群体的各种消费需求，火把节作为节日，其所具有的服务性和参与性形成了强烈的引力场，吸引众多消费者去参与投入，体现了充分的社会性，这种社会性为传承火把节的节日文化，为经贸商务活动提供了广告宣传和促销的场所，使得火把节文化紧密联系社会物质商品大市场，使火把节文化得以与经济"联姻"、"握手"、"优势互补"，使火把节文化市场的经济功能得到更淋漓尽致的发挥。同时，火把节又在节日当中得以大规模全方位的聚集与发散，并实时反映彝族社会、经济和文化的发展新面貌。

千百年来，凉山彝族聚居地区都有火把节，主要分布在所地方言区中"阿都"片区的布拖、普格、金阳、昭觉、宁南、会理、会东、德昌、西昌等县市的彝族村寨。其中，布拖县的拖觉片区、衣某片区、西溪河片区和普格县的小兴场片区、西洛片区、洛乌沟片区、螺髻山镇等的彝族村寨的彝族火把节传承最为完整。

布拖县彝语称"基那布特"。相传很久以前，阿基部落翻山越岭来到松林成海的坝子居住，后人便称阿基部落居住的那片松林叫"基那布特"。清宣统元年（1909）采用"布特"二字，音译为"布拖"，沿用至今。布拖县彝族人口占92.78%，境内有乌科梁子山脉和阿布采鲁山脉呈南北走向。

普格县彝语称"日诗普基"，是远古时代彝族先民日诗部落迁徙居住的驿站，清嘉庆二十一年（1816）刊印的《四川通志·关隘》有"在阿都土司辖境设普格寨"的记载，"普格"由此沿用至今，普格县彝族人口占80%。

布拖县、普格县境内的彝族土语属彝族北部方言区的"所地"次方言中俗称"阿都"土语的片区。布拖、普格自古相邻相连，北宋初到南宋末

（960—1279），布拖、普格为大理国建昌府"阿都"部住牧地域，后人称布拖、普格方言区的彝人为"阿都人"。"所地"次方言区的彝族大都沿用古彝语，"所地"次方言区中的"阿都"土语片区是彝族传统文化保留得最为完整的区域。从文化区域的角度来看，布拖和普格作为"所地"次方言区的腹地，既是一个地理概念，也是一个历史概念和文化符号。作为地理概念，布拖和普格指一个行政区划；作为历史概念，它又意味着在一个漫长的、间断与连续交替的发展过程中的历史名词；作为文化符号，它特指彝族北部方言区的"所地"次方言文化圈。

在漫长的历史长河中，在艰难的迁徙跋涉中，布拖和普格的彝人创造了自己独特的文化。不管在莽莽的乌科梁子上，还是在源远流长的西洛河畔，勤劳的彝人用高亢的"阿都高腔"写就了自己的历史，用集民俗、服饰、歌舞表演为一体的传统火把节丰富了民族文化的内涵。他们独特完整的民俗文化成为研究中国彝族的一个活态文化空间。火把节这一习俗，最早起源于彝族先民对火的原始崇拜和对自然的战胜，至今仍带有浓郁的宗教色彩和骁勇尚武的民族精神。

火把节随着彝族历史的演进、社会的变迁，千百年来一直在彝族人民的手中燃烧成一条火的历史长河。火把节歌一直在彝族人民口中传唱，唱了一代又一代，悠悠歌声伴随着杜鹃叫声回荡在山间、田野、村庄，迎接那洋芋、荞子、燕麦、稻谷、玉米的成熟和丰收，歌唱着党和政府的民族政策，歌唱着社会主义制度的优越，使火把节从内容到形式都发生了较大的变化。如今的火把节逐步发展成为荟萃彝族民间体育、文艺和民风民俗的盛大节日。火把节知名度越来越高，已闻名四川，享誉国内外。火把节像万朵百花引蜜蜂一样，深深地吸引着国际友人和港澳台同胞，成了招商引资的桥梁，为凉山州的改革开放铺垫了道路，为经济建设立下了汗马功劳。火把节已经成了彝族同胞之间增进睦邻友好的欢乐盛会，一届比一届更丰富多彩，盛况空前。从而使彝族火把节的传承与保护以"民间"和"官方"两种版本的形式共同演绎，并逐步体现出由单一性向综合性发展的态势，从而赋予了火把节新的生命活力和民俗功能。

四　火把节传承人的存续状况

火把节作为民俗节日没有特定的单一传承人，参与节庆活动的彝族民众既是火把节的传承人，又是火把节的实践者。在长期的节日实践中脱颖而出的传承人群体往往具备特殊的技能与才艺，受到广泛的社会尊重：有主持宗教仪式和民俗仪礼的祭司与苏尼，有掌握民间习惯法和传统知识的德古（社区事务的协调人）和苏衣（家支头人），有擅长朵乐荷歌舞、阿托皋舞蹈等传统表演艺术的传承人，有盛装打扮参与选美的年轻貌美的女孩子，有摔跤手、骑手、打陀螺手等竞技能手，有驯养斗牛、斗羊和斗鸡的主人，有弹奏嗬嗬（口弦）、帕比（月琴），吹奏克喜觉尔（彝式竖笛）、葫芦笙等的民间器乐手，还有制作银饰、面具的传统工匠和手工艺人。他们对该遗产的实践与传承肩负相应的各自不同角色的责任。

彝民族自古崇火，起居、待客、议事、祭祀、婚嫁都在火塘边。有关火的崇拜及其文化经验、口头知识和日常生活实践大都依靠史诗、传说的口耳相传和宗教仪式生活中的身体感知得以传承。也正因为人生时不离火，死时须行火葬，火把节在彝区生活世界中至今有其无可替代的重要位置，传承相关的知识和技术也成为民众的精神文化范式。正是在日常生活的个人经历和集体经验的相互砥砺中不断激活，又在一年一度的节日活动中反复实践，使得该项遗产的传统知识和专门技能得以存续和操演，并代代传承。

每逢佳节来临，人们都要提前为节庆活动做好精心的准备：家家户户酿制美酒、准备祭品、采蒿枝、扎火把、缝制盛装、练习歌舞、精心挑选和饲养骏马、斗牛、斗羊、斗鸡……火把节期间，人们扶老携幼，从四面八方赶往火把场参加整个娱乐活动的全过程。这在凉山和楚雄的遗产集中区域更为明显，可谓妇孺老幼，人人参与。例如，四川布拖县每年举行的火把节朵乐荷传统歌舞比赛，年年都有各村寨数以万计的民众前往参加。但近年来，随着打工经济的崛起，彝族青年农民外出务工人员与日俱增，加之熟知彝族火把节祭祀活动的程序、祭经等老人的去世，给火把节的传承带来了一定的影响。

第二节　火把节的程式及内容

彝族火把节，所有在外地的家人都赶回家吃团圆饭，饭前必须先杀一只黄色的仔母鸡祭祀祖先，饭后举行点火把"送祟"仪式，彝民族认为火可以驱灾除邪，火可以降魔降妖。届时，由一家之主点燃用干蒿枝扎成的火把，从屋内的火塘里点燃火把，口中念道：烧掉一切不吉之源，全家平安，五谷丰登，六畜兴旺……然后绕走牛圈、羊圈，家中的大人小孩各拿一支火把，在主人引出家门的圣火上引火点燃后，加入村寨的火把行列，到庄稼地里舞动、戏耍，这一形式后来逐步发展为聚合到一个比较开阔的地方戏耍火把，并聚集在熊熊燃烧的火光下唱歌跳舞，欢庆人类的胜利，祝愿人间大地更加美好、更加繁荣昌盛。

一　火把节的程式

凉山彝族的火把节，按传统习俗过节时主要有以下一些程式。

火把节的第一天，各个村寨都要宰杀牛、羊，集体分享节日肉，自己家里也要杀鸡，以酒肉祭祖，晚饭后各个村寨的小孩都要在岔路口上集体点火把挥舞游玩，唱火把歌，互祝节日平安。

火把节的第二天是节日的最高峰，人们一大早个个俏装打扮，扶老携幼，背着节日的美食从四面八方涌入聚会场所，那些多情的姑娘个个打扮得花枝招展，撑着黄油伞，哼着动听的歌，会集到一起，尽情地跳节日朵乐荷舞，男子们则从四面八方会聚到宽敞的坝子上参与摔跤比赛，观看斗牛、斗羊、赛马（按彝族的传统习俗，赛马一般要区分比赛马的速度和马与主人的配合程度两种，俗称大跑和小跑）、选美等各种娱乐性活动，尽情享受节日的欢乐。

如今火把节的第三天除了举办传统的节日活动以外，还要举办各种类型的物资交流活动，夜间还进行节日扫尾送火把仪式，人们尽情地唱歌跳舞，一片欢腾。

（一）节前准备

从火把节的前一个月起，每个彝族村寨都要着手节前准备。一是准备火把

（蒿枝火把、篝火柴禾、松明等）。火把彝语叫"都则"，清《西昌县志·夷族志》中写道："火把者，松柴细竹野蒿所制之火炬也。大者数围，长数尺，或及丈，植地上。小者可以手执之。"火把多用干蒿枝捆扎而成，按家人耍火把的人数进行准备，每人以三把计算，火把做好经太阳曝晒数日后，存放于楼阁上。二是准备祭祀品，包括牛、羊、猪、鸡、杆杆酒、苞谷酒、燕麦炒面、荞面饼等。祭祀品一般视其家境牛、羊、猪、鸡均可以宰杀，以图吉利。三是准备节日的盛装，彝家姑娘要按照节日盛装规矩，准备头帕、彩衣、彩裙、彩带、银饰、黄伞等，有的姑娘还为自己的心上人赶制衣物、腰带及花包等，小伙子们则要准备漆器、银器、口弦、月琴、葫芦笙、竖笛、马布等；有的也为自己的心上人购置银领扣、耳环或耳坠、黄伞等。有趣的是，这个"心上人"是未知的，等到火把节那天才去寻找，所以有"火把节是东方情人节"的说法。四是采购酒、糖等节日食品。除了各家各户自己准备各种过火把节的食物以外，每年全村还要共同宰杀一头或数头牛，以示众人一心敬火祛灾。

图1-2 扎火把

(二) 火把节第一天

农历六月二十四日，人们早上一起床，先把当天要宰杀的黄色仔鸡捉来关到竹筐下，以免用来祭祀的鸡当天再去啄食不洁的食物；然后家家户户开始打扫房前屋后，把屋内重新清洁一遍，并彻底清洗所有餐饮用具；做完家里的卫生工作后，男女老少穿上节日盛装，集聚到一起开始宰杀共同出资购置的牛。打牛时，打牛手口中念咒："打妖魔、打鬼怪、打灾鬼、打饿鬼，保佑全村各家人丁平安，牛羊发展，五谷丰登……"牛死后剥其皮，剖其肚，取牛胆观其胆汁占卜：汁多为平安年，汁少村寨可能不平静，无汁为凶兆。然后根据家庭人口数的多少，把牛肉以户头分给每一家，表示吃了牛肉的都吉祥平安。下午分完牛肉回家以后，家里女主人开始炒制燕麦炒面，女人们准备节日饭菜，男人们宰杀自己家里准备的祭祀牲畜。同样，打牛的先观其胆，杀猪宰羊的除了看胆以外还观其脾脏。不管杀牛还是杀猪，鸡是每家都必须杀的，杀鸡时，先夹出火塘中烧红的石头，石头上放一蒿草，将早上就关好的鸡从竹筐中拿出，把鸡的头和脚并在一起，从上往下淋水，让水从鸡头和鸡脚淋下落到烧红的石头上产生蒸汽，拿鸡的男主人在蒸汽上方将鸡按顺时针方向转，口中不停

图1-3 彝族人民燃起了驱邪灭虫的火把

念咒:"祛除啄狗屎的不洁,祛除啄猪屎的不雅。"念完咒语抓一撮干荞面粉放入鸡的口中,把鸡捏死(火把节祭祀杀的鸡不能见血,只能捏死)。煮鸡肉时先不加盐,待鸡肉煮熟后捞出鸡头,拔出鸡舌,除去肉,看鸡舌头软骨的形状,三根软骨成向内的圆弧为吉利,特别是中间的小软骨不能卷成圆圈。如果向内卷成圆圈,则预示当年主人家有凶兆;向外卷成圆圈,则预示亲家会有凶事。鸡舌软骨卷成圆圈的不能当祭祀品,必须重新杀一只鸡,火把节之后需要做一次祈福消灾的宗教仪式。待太阳偏西时,迎接牛羊归圈,一家之长还须向羊群撒燕麦炒面,祝愿羊群繁衍发展。傍晚,丰盛晚餐做好后,先由家里的长辈将酒肉和荞粑分别盛好,放在祭案上祭祖,再由长辈从祭案上取少许食物品尝后,全家才开始节日的晚餐。晚上由一家之主点燃用干蒿枝、箭竹竿、松明扎成的火把,先从屋内的火塘上点亮,走出正房来到院子后依次为其他人点燃,口中念道"烧掉一切不洁之物,全家平安,五谷丰登,六畜兴旺",然后经过牛羊圈,最后交给孩子们,孩子们则举着火把走出家门,与伙伴们一起走出村寨到庄稼地里边唱边舞,以示驱走一切害虫,祈望五谷丰收。

图 1-4 火龙

点着火把的孩子们，一边摇着火把，一边口中大声念唱："/来唱火把歌，/点上三把火，/来呀耍火把。/祭骟牛是兹莫，/祭阉羊是富家子弟，/祭鸡的是个穷小伙，/祭鸡蛋的是单身汉，/祭荞粑和辣子汤的是寡妇。/来唱火把歌，/点燃三把火；/来呀耍火把。祭野松果是黑熊，/祭荞花是白兔。/烧吧，烧尽害虫，/燃吧，燃尽灾祸，/焚吧，焚尽饥饿。/烧吧，烧掉害虫，/烧吧，烧掉瘟神，/来吧，用火把欢庆五谷饱满，/来吧，用火把祝福六畜兴旺，来吧，/用火把祈祷人丁安康。"这样唱着唱着，从自家的庄稼地往村寨的主干道上集中，慢慢将火把会合，形成一条条"火龙"，村内寨外火光闪耀，寂静的山寨一片欢腾。

（三）火把节第二天

火把节第二天是节日的高潮，热闹而隆重。一大早，村村寨寨男女老幼穿着节日盛装，成群结队，从四面八方会集到火把节集会地，参与或观看摔跤、赛马、斗牛、斗羊、斗鸡等民间体育竞技活动，参加朵乐荷舞、达体舞等文艺

图1-5 乡村火把节之夜

娱乐活动以及彝家选美比赛,同时,弹口弦、弹月琴、吹马布、吹葫芦笙、吹竖笛、唱山歌、唱情歌。这一天,也是彝家男女青年谈情说爱的好时光,情侣们交换信物,女子打上黄伞与情人约会。晚上,众人高举火把,围绕篝火彻夜狂欢。

(四)火把节第三天

火把节第三天,彝语称"都沙",其意为"送火神"或"送节"。各村寨除继续过节外,黄昏时,各家各户都要把各自前两天没有点完剩下的火把集中到十字路口上(一般在村子下方),堆放在一起,先把它堆放成猪、牛、羊、马等牲畜通常吸盐水时的木槽形,再捡些小石块压在槽形的火把杆上,一般在每个槽上放 9 个小石块,表示无数,然后把家里杀的祭祀鸡的鸡翅毛、股骨一起焚烧成灰烬,象征邪恶的妖魔随之焚灭。大人们口中还默默念道"今年过了火把节,但愿我家粮食堆成山,牛羊遍山坡,美人出我寨,勇士能人出我方,万物聚我家"等祝福语,以求家人安居乐业,吉祥如意。

图 1-6 送火神

二 火把节的内容

从凉山彝族创世史诗《勒俄特依》的描述和人们的认知中可以看出，凉山彝族先民认为火是天庭祖灵变来的，所以把火当作神灵。火能够给人光明和温暖，能够通达神灵。彝族视火把为神灵的化身、人才兴旺的源泉和纯洁幸福的象征。火把节习俗体现了彝民族对火的崇拜，把火象征为能使庄稼丰收、六畜兴旺、人类免于贫穷和疾病的具有神奇力量的实体。

火把节活动的内容，既有遥远的古代彝风，也可以看出各个历史时期彝族文化的留存。火把节是火的盛会，火把节除了祭祀祖先、祭火送火外，节日期间还有各种丰富多彩的摔跤、赛马、斗牛、斗羊、射箭和爬杆、选美、赛歌、跳朵乐荷舞等民间娱乐活动。

（一）摔跤

摔跤比赛是火把节活动中重要的竞技项目之一，摔跤同样是彝族体育竞技项目中最为传统、最受喜爱的项目，它不限于火把节期间，在平时的婚娶场合、老年人过世的场合、逢年过节人们相聚的时候都有组织摔跤的习惯。但是，平时的摔跤不是必需，根据当时的气氛或者有没有摔跤能手到场来决定。火把节的摔跤是火把节活动中必须安排的一个项目，火把节时，一个片区的人都会聚到一起。长期形成的民俗让会摔跤的勇士都期盼着这一天的到来。彝族人在和平时期对一个男子是否勇敢的评价就是看敢不敢参与摔跤比赛，摔跤的成绩怎么样是自己以及亲朋炫耀的资本，是小伙子们引以为豪的信心来源，是姑娘们选择对象的参考依据。彝族摔跤方式称为抱腰式，双方各自拴一根腰带，双手上下交叉以腰带作为辅助抱住对方的腰，也可以不要腰带，直接双手交叉抱住对方的腰进行比赛。彝族式摔跤不同于现在国际比赛中普遍使用的自由式或者古典式摔跤，彝族式摔跤目前已经入选我国少数民族传统体育比赛项目，是已经连续多届作为正式项目开展比赛的相当成熟的项目。在民间的比赛中，由于方言区的不同，摔跤手常用的摔跤技巧和胜负评判标准有一定的差异，所地方言区以上半身的力量和技巧为主，只要让对方先失去重心就算赢，所以不能用脚去绊或勾对方；而其他方言区是谁先着地谁输，所以可以用脚上的技巧，允许用脚去绊或勾对方的脚。正式的比赛以三局两胜制进行，以谁先

图 1-7 火把节摔跤

着地谁输为标准。彝族摔跤的特异之处还在于不分选手体重级别，也不分长幼，只要自身愿意，摔跤过程中出现的伤痛自己负责。彝族摔跤不仅需要有力量，更需要有过人的技巧才可以取胜，所以我们往往能看到体重高大的选手输给身轻个矮的选手。

彝族摔跤比赛和其他比赛一样带有群体性，选手不仅代表个人，还代表一个村寨或家支，故火把节上参赛的摔跤手，往往是某一群体平时训练有素的高手，甚至是几经比赛才选出的杰出代表。节日正式比赛时，摔跤手不但有助手前呼后拥，比赛中还有群众为其加油呐喊，若赛后取得胜利，特别是最后几经较量获得冠军的摔跤手，则会有众人蜂拥其后如众星捧月一般为他扬威，这充分体现了彝族的群体荣誉感，也显示出彝人奋发图强、团结向上的民族性格。当然获胜者本人也会因此而声名大振，成为众人特别是姑娘们的崇拜偶像，其他比赛的获胜者也莫不如此。

（二）赛马

赛马是火把节期间必不可少的项目，也是群众最喜爱、最受欢迎的比赛，因它能显示彝族人尚武争胜的精神,激发和增强人们的荣誉感,因而备受男性民众的重视。如果比赛获得优异成绩,则不仅是骑手个人以及其一家的荣耀,而且被认为是全村寨的光荣,所以骑手们在赛前都要精心准备,参赛时则会拼力冲刺勇往直前,至于其所代表的村寨乡亲,也会在其赛前准备中给他帮忙和出谋划策,在比赛中摩拳擦掌,为他呐喊助威。那种狂热的场景真切体现出民众对赛马的喜爱程度。

凉山马体格小却动作灵敏,奔跑速度极快,且善跑山路和穿越森林,凉山马又叫"建昌马"。彝族比较喜欢骏马,只要是自己看中的,花上再多的钱都愿意购买。人们认为那种四脚垂直、腰细胸宽,耳尖摆动快,行走时后脚落地的印迹超过前脚的马一般都是骏马,当然,是不是骏马只有通过比赛才能确定。古代凉山一带最出名的马有丹勒阿宗、牡诺泽惹、鸠诺炜哈、鸠都拉呷,近代则有名马日诺迪史、依洛托且等,它们均以碎步奔跑见长,据传这些名马奔跑起来张开大嘴、竖立耳尖,人们只闻马蹄落地之声,肉眼难见四脚跨动,骑手披风迎风飘扬犹如雄鹰展翅。

图1-8 火把节赛马

火把节赛马方式有两种：一种为大步跨跃，另一种为小步疾驰。大步跨跃的比赛方式主要比的是马的速度，以圆形跑道为比赛场地，规定好跑多少圈后，选手整齐排列，听到出发号令立即驱马狂奔，谁先到达终点谁获胜。这种比赛方式在各处赛马场都可以看到，不同的是，彝族火把节参加这种方式赛马的一般不套马鞍，骑手主要是18岁上下的青年，体重轻，身体灵活。最有彝族赛马特色的是小步疾驰的比赛方式，由于彝族居住在西南横断山脉，山高坡陡，大步跨跃的奔跑方式不怎么适用，所以喜欢马以小步疾驰的方式行走。比赛时，骑手身着盛装，头顶英雄结，耳饰蜜蜡珠，斜挎英雄带，身披羊毛披毡。骏马也要装饰，马头饰银，马鞍镶金；奔跑时马匹双前腿或者后腿不能同时离开地面，骑手坐在马上不能前仰后合，马儿不能以跨跃的方式奔跑，只能以碎步疾驰的方式奔跑。比赛过程中不仅要看谁先到达终点，还要看谁最有风度和气质，骑手与坐骑之间哪对配合得最好；有的骑手还手端盛满酒的酒碗，在奔驰过程中酒不倒洒，表示马儿虽然在疾驰，但是颠簸得并不厉害。这两种方式的比赛就像田径场上跑步比赛和竞走比赛一样，小步疾驰就好比竞走。虽然小步疾驰方式才是彝族特有的赛马方式，但由于小步疾驰方式骑手需要盛装，参赛马儿需要装饰，且参与比赛的马匹必须经过训练，经济条件很好的专门有坐骑的家庭才可能训练出合格的小步疾驰的马匹，平时这种马不参加劳作，所以，目前这种比赛方式相对较少。火把节赛马夺得冠军的不仅披红戴花扬眉吐气，而且被视为英雄人物声名显赫，颇受姑娘们的青睐、父老乡亲们的拥戴与赞许，其本人也会因受此殊荣而充满自信，在人们的鼓掌欢呼声中绕场答礼致谢。

凉山彝族除了火把节赛马以外，其他像老年人过世、送祖灵仪式、过彝历新年等人群聚集的时候也常常开展赛马活动。家庭经济条件很好、子女较多且都还健在、在一个地方社会地位较为显赫的家庭，在老年人过世和送祖灵仪式时，会专门安排赛马活动，这种时候就有两种方式的赛马，小步疾驰的赛马方式要特意安排，以显示参与比赛的家庭有专门的坐骑，且获得冠军的奖金都非常高。

（三）斗牛

彝族斗牛只斗黄牛，不斗水牛。原因有三：一是彝族主要居住在二半山，以养黄牛为主;二是黄牛在斗赢以后不追赶斗输的牛,斗输的牛不至于跑到人群中踩踏观众;三是绝大多数彝族不食水牛肉,认为水牛不洁。彝族以公牛为重,人们认为公牛是诚实和勇敢的象征,它们平时老老实实为家人的幸福而耕作,比赛时也为主人的名誉而战斗,因此深受人们喜爱。那么,什么样的公牛最有战斗力并会在斗牛中取胜呢?选牛的标准一般是:角短而尖、颈粗项短、胸宽腰紧、勇于拼搏且训练有素者为佳,因牛角长的易被对方抬到上空,难以刺伤对方眼、耳和角根部位,而角短且尖者则可以刺中对方要害部位;颈项粗短、胸宽腰紧的牛,上半身特别是头和颈部有力量,在双方拼力撞刺时不易被对方撞倒,反之则易败。

图 1-9 让斗牛更具战斗力

为了在火把节斗牛比赛中获得胜利，争得荣誉，牛的主人平时就得煞费苦心，悉心照料自己的斗牛，经常提高赛牛技巧，训练斗牛听从口令，不断邀请远近公牛进行预赛；这样，当正式斗牛时赛牛才会临阵不惊，按主人口令行事。在多次斗牛场上，我们看到当两牛相斗难解难分之际，善斗的牛主人就会发出"斩！斩！"的口令；训练有素之牛善解主人口令，它会慢慢松开紧紧相顶之势，甚至做出准备逃跑的假象让对方松开，然后乘其不备全力猛攻对方眼周和耳根，使它晕昏、流血，不得不败逃。若有败退的牛，斗赢的黄牛象征性追赶几步，不会出现像水牛一样紧追不舍的现象，斗赢的公牛常常会昂头长啸几声摆出胜利者的姿态。有的牛主人为了获得胜利，争得荣誉，不惜以重金购买仔牛精心饲养，训练来参加斗牛比赛，有的甚至暗中请毕摩跟在牛后小声念咒，或在牛角上涂上麝香，使对方闻味即却，不战而败。斗牛获得胜利，也如赛马一样，牛和主人均会受到全村寨人的敬重，回村时会受到男女老少乡亲的欢迎，觉得是本乡本村之荣耀，并杀猪、宰羊欢庆胜利，而牛也会得到遍身洒酒祝其早日康复的待遇。自愿参与斗牛的家庭，即使他的牛被斗死，对方或者组织者都不负责，没有找对方赔偿的理由和传统。

图 1-10　牛主人精心饲养自己的斗牛

凉山彝族除了火把节斗牛以外,其他像老年人过世、送祖灵仪式、过彝历新年等人群聚集的时候也常常会有斗牛比赛。经济条件好的家庭在老年人过世和送祖灵仪式时,一般会特意安排斗牛,斗牛冠军一般都会得到奖金。彝族年组织的斗牛比赛没有奖金,是养了准备在火把节斗牛的家庭,当是训练斗牛而进行的自愿自发的比赛。

图 1-11 火把节斗牛

(四)斗羊

火把节斗羊与斗牛略同,彝族斗羊只斗绵羊,不斗山羊。彝族传统认为,山羊什么都吃,怕水怕冷,经常互斗,是不讲规矩、不团结与欺弱怕强的象征;而绵羊特别是公绵羊外弱内强,平时在羊群中温和驯顺,从不伤害弱小,且爱带头为同胞觅食,至夜则在圈边门口守卫,以保护其配偶和幼崽的安全,而一旦狼或其他野兽袭击羊群,公绵羊还会主动与之进行生死拼斗。公绵羊是团结、友爱、和平与正义的象征,为此,有的彝人以绵羊自称。选择参赛的公绵羊以羊角粗根壮为上品,而颈项粗短和身体健壮也是必要条件。火把节斗羊时,主人将羊牵至场内对峙,两只斗羊首先要相互观察几分钟,要看对方是否有敌意,如无相斗之意,羊主人只有将羊用力推来以羊角相抵,让公羊相互产生敌视,自愿参与斗羊;也有的公羊无论双方主人怎样强迫,它们都绝不会互相决斗,这种时候就打乱比赛排列方式,换另一只公羊来相斗。若两只斗羊相互有敌意,两只公羊就会走近,并用羊自己的方式交流,并正正规规各自后退四五十步,然后以闪电般的速度跑来相撞。相撞的一瞬间两头公羊会像两列火车相撞一样立起来,如果都不服输,双方又各后退四五十步,再次闪电般跑来对撞,直到一方退缩才能分出输赢。由于双方将所有的力量集中到头上,以最快的速度相互撞击,因而赛场上一方颈项被顶断而死的事也时有发生。在相撞的一瞬间,如果双方都以头相撞,只会撞晕退缩,很少出现被撞死的现象,而一旦哪只公绵羊在最后关头害怕,不敢正面相撞,以自己身体的其他较软的部位与另一只正以最快速度、用最坚硬的头冲来的羊相撞,害怕的公羊就会被撞死。同样,参与火把节斗羊的公羊即使被撞死也只能自己负责,对方和组织者不负责任。斗羊取胜虽不及斗牛之盛,但也被视为公羊给主人争光、为村寨争荣之举而受到观众的欢迎与喝彩。

图 1-12 火把节斗羊

(五) 射箭和爬杆

彝族射箭的历史悠久，最初源于狩猎和战争，以后逐渐成为民间体育竞技活动项目。射箭一般分射远和射靶两种。前者以射远者为胜，后者以中靶多而准者为胜，但有时两种合而为一，以射得远且命中率高者为胜。爬杆多在老年人去世时进行，作为丧礼的一部分，火把节中也常进行。比赛时，要用一根十余米长、直径一尺左右的匀称笔直无疤痕而少枝丫的树干，剥尽树皮，在树身上涂上猪油等润滑物，然后在杆顶上拴上银子、钱或其他贵重物品，选个平坦的地方挖坑将木杆竖起，让人攀爬，以爬上杆顶并取下上面所挂之物者为胜，所取下的物品则作为奖品归其所有。

彝族传统体育竞技活动，是彝族人民在长期生产劳动和社会实践中，为适应生存、竞争、战斗和娱乐的需要而逐渐形成与发展起来的。其历史悠久，内容丰富，是灿烂的彝族文化中的一枝鲜艳的奇葩，也是彝族人民锻炼筋骨、增强体质、陶冶性情、防病治病、延年益寿的法宝，其特点是简便易行，不受时间、空间和器械等条件的限制，无论茶余饭后，劳动间隙，房前屋后，田边地头，随时随处都可以进行，因而深受彝族人民的喜爱和珍视。一年一度的火把佳节，则是集中展示彝族传统体育竞技活动的空前盛会。

(六) 选美

火把节中的评选美女活动，是节日中特设和最为重要的压轴好戏。彝族传统选美只选美女，不选帅哥，但是，近年来政府组织的选美活动不仅选美女，还选帅哥；传统选美每个选美场合只选一位美女，没有亚军和季军，而现代政府运作的选美不仅有金花，还有银花和铜花，还没有最佳人气奖、最佳服饰奖、最佳舞台效果奖、最佳才艺表演奖等名目繁多的奖项。选美从民间活动向政府行为过渡的过程中也出现了从火把场地向选美舞台的过渡。

彝族传统选美方式与现代评选"××小姐""××花""××模特""××大使"之类有较大的差异。现代各种选秀节目是舞台选秀，不仅要选外貌，还有各种才艺表演。彝族传统选美时，参与选美的姑娘们打着黄伞，用围巾或者三角荷包前后相牵成一个圆圈，一步三摇地跳着朵乐荷舞。评委由各村寨素有威望的老者组成，他们在火把节的整个活动过程中巡视察访，经过反复酝酿

图 1-13 火把节选美盛况空前

评议，最后才选出当年当地火把节聚会场的美女。选美没有特定的标准，但以彝族不成文的传统审美观作为依据，一般来说既要看外在的相貌，也要结合平时的品德。从相貌上看，身材高挑，脖颈如头年生的母山羊的颈项细而长，胸脯如野斑鸠般的丰满，腰肢如马蜂般纤细，腿似仙鹤一样修长，手指纤细秀丽，皮肤像绸缎般细嫩润滑，头发黑而浓密，眼睛大而亮如秋月，眉毛黑而细长如柳叶，睫毛长而弯如杉树枝，鼻梁隆且直如山脉，嘴薄恰适中，脸蛋红又润者为佳。至于在品德方面，则是从其言谈举止、待人接物、风度风范以及平时的孝心、善良与否相结合来综合衡量。彝族传统选美既重视外在美，也要权衡内在素质，这样选出来的美女比较全面，自然也就会被群众所接受。彝族选美不限于少女，有结过婚的，也有已当了母亲的，只要合乎以上条件和审美标准的均可入选，在多次选美中，往往少妇反较少女更占优势。当火把节全部比赛活动结束时，美女一经评出正式宣布，则全场欢声雷动，赞美之词不绝于耳，而这一年一度被选出的美女也会因此而身价百倍，和其他获胜者一样成为群体的光荣。

  选美是凉山彝族特有的民间传统习俗。在彝族地区，家有美女，慕名求爱者络绎不绝，不仅是父母的骄傲，整个家族都会认为是一种荣耀。彝族民间对能够展示自己美丽漂亮的妇女多给予褒奖，所以每次在重大节庆假日或者大户人家送祖灵仪式的时候，姑娘们都会盛装出席，虽然不像火把节一样正规选美，但是参加活动的人们都会评论谁家的姑娘最漂亮。

图 1-14　火把节彝族选美

火把节各种比赛包括选美均发给奖品，只是奖品不一，有的奖励耕牛，有的奖给骏马，以前还有奖赏枪支弹药的，而奖给美女的大多为服装衣料、刺绣或化妆用品。这些奖品大多来源于民间自愿赞助。火把节是显示人们急公好义精神与气派的一大良机，所以自古至今民间火把节上不缺少奖品和奖金。

（七）赛歌

据历史文献记载，自古以来彝族人于火把节前就在不同场合、不同地点，以村寨为单位每晚举行歌咏练习，这些歌谣是几千年来流传至今的传统民歌，大体可分为两大类：一类是欢快的主要围绕火把节而演唱的《火把节之歌》；另一类是妇女们表达爱母之情、爱乡之情，述说自己离开父母在异地他乡艰辛生活状况的《妇女之歌》。这些主题不同的民歌各有其不同的歌调，所唱的内容也都不一样，较长的歌可长达几万甚至十几万诗行之多。

可以作为火把节之歌，围绕火把节而唱的歌主要有：歌调可高可低，可长可短的《唱火把节》，一般视唱者情况和时间灵活掌握，其主要特点是欢快。歌中唱道："火把节的三天，是高兴的三天，是快乐的三天；乘着庄稼长得正旺，乘着夜晚正凉快，赶快来欢唱吧；草原上的云雀，松树上的杜鹃，火把节一过完，它们的歌唱就会中断；秋天就要来临，冷风就要从雪山而来，赶快出来欢唱吧，来啊！对面村上的人们快来尽欢，歌唱一年一度的火把节呀，莫再迟延。"号召人们珍惜时间，尽情欢乐。

《歌唱火把》："快来呀小伙伴们，／快来唱火把歌，／快来点火把，／点燃熊熊的火把，／来呀快来耍火把。这是彝家古老的习俗，／兹莫过节祭骟牛，／富人过节祭阉羊，／穷人过节祭白鸡，／鳏夫过节祭鸡蛋，／寡妇过节祭辣子汤，／世上哪家没有不过节的？／来呀快来耍火把，／用火把烧尽害虫，／用火把烧尽灾害，／用火把烧尽饥荒。请赐给我们吉祥，／保佑我们茁壮成长。／快来呀小伙伴们，／快来唱火把歌，／快来点火把，／点上熊熊的火把，／来呀快来耍火把，／这是彝家古老的习俗。／黑熊过节祭的是荞花花，／松鼠过节祭的是松果果，／世上动物哪有不过节的？／来呀快来耍火把，／用火把烧尽害虫，／用火把烧尽灾害，／用火把烧尽饥荒。请赐给我们吉祥，／请赐给我们五谷丰收。"

《火把谣》："快来呀那个留着天菩萨的小孩，／快来呀那个穿着绣花衣的姑娘，／火把节的夜晚，／快来唱火把歌，／快来耍火把，／彝家古老的习俗，／

兹莫过节祭骟牛，/富人过节祭阉羊，/穷人过节祭白鸡，/鳏夫过节祭鸡蛋，/寡妇过节祭辣子汤，/世上哪有不过节的？快来呀那个留着天菩萨的小孩，/快来呀那个穿着绣花衣的姑娘，/火把节的夜晚，/快来唱火把歌，/快来耍火把，/小伙伴们呀，/跳呀跳，/笑啊笑，/火把节的夜晚，/小姑娘耍火把，/小娃娃耍火把；/尽情跳，/开心唱，/丰收的季节就来到。"

《快乐的火把》："啊呀啊呀啰，/火把节的夜晚多迷人，/妹妹与弟弟手挽着手；/啊呀啊呀啰，/火把映红了村村寨寨，/姐姐召唤弟弟来打火把；/啊呀啊呀啰，/莫错过好光阴，/莫错过好光阴。"

《九九归一百》："者呀者格啦，/索玛花儿开，/开花吐芳香，/九九归一百；/者呀者格啦，/草坪有羊群，/母羊九十九，/添崽成一百；/者呀者格啦，/坡上放牛群，/母牛九十九，/牛犊添成百；/者呀者格啦/院内有鸡群，/母鸡九十九，/加只小鸡成一百；/者呀者格啦，/圈里有肥猪，/母猪九十九，/加头猪崽成一百，/全部赠囡囡，/赠囡囡当嫁妆。"

可以作为妇女表达情感、倾诉生活的歌曲主要有：歌调以抒情见长的《想念妈妈》，这首长歌述说的是，古代有位美丽的姑娘嫁到遥远的地方去了，有一年终于历尽千辛万苦回到家乡参加火把节，为了表达对父母和故乡的思恋之情，特意编出了这首长歌来唱给母亲和父老兄弟姐妹们听，其歌词大意是："世上一切生物都有母爱和爱母之情，就连小鸡、小猪、小羊等也有爱母之心，而远嫁的少女就更加爱恋自己的母亲。蚯蚓想念妈妈时，屈伸翻滚表达爱；蝴蝶想念妈妈时，翩翩飞舞表达爱；鱼儿想念妈妈时，摇头摆尾表达爱；山羊想念妈妈时，咩咩叫着表达爱；猪崽想念妈妈时，扭动腰肢表达爱；姊妹想念妈妈时，思念的歌儿唱不断。"后来人们根据不同境遇而不断地为这首歌增添新的内容，用以阐述人生聚少离多、难返火把节一聚之情。

《阿依阿芝》歌调弛缓有张，它叙述的是：一个人一生中常常是欢乐与忧伤、幸福与痛苦接连不断、互相交替的。用意是要人们珍惜年华和生命，在节日中尽情尽兴，乐以忘忧。女子远嫁他乡，思乡之情油然而生，歌曲表现了这种情感："我那可爱的公婆，你们可有女儿嫁他乡？可曾想她回娘家来住住？能否体会我归心似箭已上弦？若能让我回娘家一趟，哪怕树叶当衣也愿穿，尘土当饭也愿吃……"这些歌是千百年来一直在火把节庆祝活动中，主要由妇女演唱而流传下来的，所以现在就成了全由姑娘来演唱的形式，赛歌时姑娘们手挽着手，牵成几十人乃至数百人的大圆圈，由唱得好的女歌手领唱，众女边转边齐唱并结合动作来进行表演。这些歌因它充分反映出包办婚姻迫使女子远嫁他乡与陌生男人一起生活，离开父母、朋友，特别是自己喜爱的恋人的心头之苦，因此在彝族女性中能引起强烈的共鸣，成为火把节的重要节目而历久不衰。

《阿莫尼惹》（妈妈的女儿）是火把节时姑娘必唱的彝族叙事长诗，叙述了"妈妈的女儿"从呱呱坠地来到人世，度过天真烂漫的童年，在繁重劳动中长大成人，被迫远嫁到远方后终日哀叹、凄苦欲绝的惨淡一生。歌中唱道："妈妈的女儿哟，/女儿幽怨积在心；/忆从前，驹子犊子同圈养，/驹子是恒产，/犊子成了零花钱。忆从前，绵羊羔山羊羔同山放，/绵羊羔是恒产，/山羊羔成了零花钱。忆从前，女儿和弟兄同生活，/同穿一种衣，/同吃一样饭，/以为兄弟姐妹都一般；/哪知到今天，/男孩才算本家人，/女儿不过是外姓，/父母轻女只重男。/女儿并非是，/从草里平白飞出的一只鸟，/女儿并非是，/从蕨地无根冒出的一片叶。/难道人间女儿最渺小！？难道世上女儿最低贱！/妈妈的女儿哟，吃烧荞粑还不会拍柴灰，/喝稀粥还不会擦嘴巴。/经受硬的，没被石块砸过；/经受软的，没被荨麻刺伤过。/还从爸爸手上接衣穿，/衣着合体显身材；/还从妈妈手上接饭吃，/只是个儿长得高。幼弱的蕨草不耐霜雪冻，/柔嫩的青草不堪冰凌砸。/父亲对儿应知情，/母亲对女最知心。/女儿有心事，/寄托在妈妈。妈妈你有主意么？给女出个主意嘛。妈妈说：/'养女由妈妈，/嫁女由爸爸，/彩礼兄长定，/妈妈没办法。'听罢妈妈断肠话，/扑向妈妈怀中哭，/妈妈抚摸女儿头，/清泪为女洗头发。妈妈的心呐，/犹如青篾刀儿刮。/女儿无话再求妈，/转身向爸爸。爸爸说：/'祖宗立规矩，/子孙循家法：别家女子要嫁来，/自家女子应出嫁。/犹如粮种播下地，/地里长出好庄稼，/要把女儿打发走，/才能多结好亲家。古有格言传到今：/父教如铁钉，/母训如墨透。/不听父教飞十壑，/不听母训过五沟。'/女儿的心子，/坠入了肠肚，/女儿的心神，/无处可依附。想从前，/妈妈亲手给女做饭吃，/妈妈亲手给女缝衣服，/养育女儿妈劳累，/婚姻应由妈做主。/可恶！可恶！/创立这规矩的逆子们，/伤天害理，心肠歹毒！/妈妈的女儿哟，/跌跤希望跌在平地上，/灾祸希望变吉祥，/心愿希望得到钱势助，/婚事希望由自主。/女儿心愿能如愿，/砂粒当饭吃也不顾了，/树叶当衣穿也不顾了。/这个妈妈的女儿哟，/本来没长九颗心，/却能想九方了，/想的都是白想了。/女儿我，/拔腿走吧，无非走到檐坎下；/往上伸吧，无非伸到柁梁上。可怜的女儿啊！"火把节上演唱的妇女之歌大都具有情节描写简约，而心情描写详尽的特点，曲调也多带有伤感的色彩。

除了以上这些必唱的长歌之外，还有《朵乐荷》《天上的雄鹰》《从前我家强盛时》《大麦和小麦》等一些数不清的短歌，其中数量较多的是，在火把节前后由青年男女即兴创作的情歌。彝族是一个能歌善舞的民族，尤其擅长歌唱，所以即兴短歌中也不乏古朴淳厚和清新感人之作。而近十多年来，凉山州的不少彝、汉文艺家深入生活，收集、整理和创作谱写出了不少优秀的火把节歌曲，它们承前启后，不仅有彝族古老传统文化的特点，而且有当代凉山生活的特色，所以自然而然受到群众的欢迎，也被采纳进火把节系列歌曲中去了。

（八）跳朵乐荷舞

火把节的第二天要跳朵乐荷舞，"朵乐荷"是凉山唯一保持古老习俗的民间歌舞。"朵乐"是所地土语，标准语即为"出来"之意；"荷"为无意义的语气词，"朵乐荷"即"赶快出来点火把"的意思，原本是火把节青少年们相互召唤的方式。火把节第二天集中踏歌起舞时，要以"朵乐荷"一词作为引

图1-15 火把节中的朵乐荷

子边唱边跳,所以有的解释为"朵"即火,引申为火把节的火;"荷"意为"唱"或"吟","朵乐荷"即火把调。朵乐荷是只由女子参加表演的集体歌舞,由一人领唱领舞,其余舞者尾随逆时针方向边歌边舞。领唱一句,众人重复应和一句,如此往复即兴表演。众舞者一手执黄伞,一手牵着前人的荷包带或前后互牵花巾两端,形成圆圈缓步而舞,充满独特的清新韵味,给人以纯朴和自然的美感。女人们跳起朵乐荷,自由、尽情地表达对美好生活的向往,歌唱节日幸福愉快的心情,歌唱家乡、歌唱爱情、歌唱思念亲人之情。

彝族的朵乐荷主要流行于凉山州布拖、普格、宁南、德昌、会理等所地土语区的县,对凉山彝族舞蹈来说,朵乐荷具有一定的区域性。彝族朵乐荷舞最早是在群体生活环境中产生并发展起来的,因之最具群众性。舞者踩着细碎而富于韵味的舞步,身披各种银饰,如银蛇起舞般一齐按逆时针方向缓慢舞动,动作随歌声变化,动作幅度变化不大。跳朵乐荷舞的人数一般不作限制,场面可大可小,要看节日氛围而定,跳舞时舞者围成圆圈,可以重叠十几圈,圈圈都在唱、都在舞动,其场面非常壮观,特别是在那绿茵草坪的映衬下黄伞如花朵绽放,姑娘们微低着头,含情脉脉地哼着自己最喜爱的歌曲,踏着轻快的步伐,动情于心上,形成舞中含情、情中载歌载舞、情与舞融为一体的浓郁情调,营造纯朴与自然的美景。彝族的朵乐荷舞动作虽然简单,但所唱的内容十分丰富有趣,除了传统的唱词以外,多数是演唱者和领舞者触景生情而自由发挥即兴起舞和编词。而且演唱时必须紧紧围绕节日内容,唱节日幸福的心情,唱家乡山川美景,唱青年人之间的互相爱慕之情,唱妇女们婚姻不自由而所受的苦,唱姑娘们思念亲人等内容,除世代传诵的《妈妈的女儿》《阿依阿芝》等外,其他必唱的节日颂歌还有《朵乐荷》《天上的雄鹰》《从前我家强盛时》《大麦和小麦》等优秀民歌。

朵乐荷这种古老的歌舞形式据传起源于若干年前,男人狩猎归来,妇女在火堆边烧烤猎物,向围在周围的男人斟酒添肉,以示庆祝,围圈而舞。后经演变而形成了舞者在一人领唱领舞的带动下,一手持黄伞,一手牵着前面舞者的荷包带或花巾的两端,或手拉手形成一线串联的踏歌圈舞形式。她们微低着头,踏着轻盈的舞步,哼着悠扬的歌曲,一圈又一圈,无限反复。音乐旋律为典型的彝族山歌风格,曲调婉转,旋律优美,缠绵悱恻,歌词内容丰富,除固

图 1-16　草坪上跳朵乐荷

定的歌词外，多为领唱者即兴创词。

《朵乐荷》："今晚来过火把节朵乐荷，/林中的林王来打火把哟，/草中的草王来打火把哟。/大家都来打火把，/年轻的姑娘，/来跳三圈朵乐荷，/犍牛斗牛场上吼三声，/骏马赛马场上跑三圈，/小伙摔跤场上逛三转，/英俊的小伙年轻时不耍，/明年要成家，/漂亮的姑娘年轻时不耍，/明年要出嫁。"

《耍火把》："来吧，四方的朋友，来耍火把哟！/身穿黄绿褶裙的姑娘来耍火把，/头扎英雄结的小伙来耍火把哟！/九根蒿枝集，/扎成一火把，/九把火把集，/火炬集一塔。挥舞火把如彩虹，/说火把像云雀叫，/耍火把似锦鸡跃，/唱火把像金蝉鸣。/火把聚平坝，/山坡堆火把，/摔跤集平坝，/牛头汇山垭，/山坡看热闹，/人群如海洋。小伙千万个，/可有摔跤手？/若有就摔他一双，/若没有就摔他一个。/姑娘遍天涯，/有没有值得爱恋的？/若有就想念一位，/若没有就找一个。"

《火把节之夜》："上面天空蔚蔚蓝，/蓝天下面白云悠悠荡，/白云下面雄鹰在翱翔。/雄鹰下有茫茫的草原，/草原上羊群奔跑如白云，/牧羊歌声传四方。/草坡上荞花盛开白茫茫，/地里洋芋堆成山，/屋前房后稻谷香。/火塘上方父母乐滋滋，/火塘下方儿女喜洋洋，/火塘右方小伙奏月琴，/月琴叮咚响，/火塘左方姑娘拨口弦，/弦音悠悠扬。姑娘小伙携手舞，/金色披毡似彩霞，/好昼好夜好歌舞，/好年好月好欢畅。"

《来过火把节》："上方天上星儿多，/神星有一颗。下方地上草儿多，/神草有一结。/竹子长大枝条弯，/树木梢头平。姑娘姐妹们，/来呀来舞火，/舞火多快活！父老兄弟们，/阿爸点火了，/点火多快活。阿妈点火了，/点火在山野。骏马来到了，/来到赛马场，/赛场多快乐！"

跳朵乐荷舞的是清一色的彝族女性，天真烂漫的女童、白发如霜的老妇，只要愿意，不分年龄大小，无论婚嫁与否，都可涌入这欢乐的海洋，这是彝族火把节跳朵乐荷舞的规矩。山坡上树林边，或站或坐或蹲，全神贯注，欣赏这道美丽风景的几乎都是身披羊毛毡子的男人。晚上参加篝火晚会，在空地上燃起堆堆篝火，篝火旁围坐着的要么全是彝族小伙，要么全是彝族姑娘。他们在篝火旁或弹琴，或唱歌，或开怀大笑，或窃窃私语。火光将姑娘小伙的脸庞映照得通红，笑脸上洋溢着不可抵挡的热情，蕴含着无法言喻的甜美气息和美好向往。如果说白天的朵乐荷场上的是喧闹的、沸腾的，那么夜幕降临之后的火把节是神秘的、羞涩的和含情脉脉的，整个火把节活动弥漫在一种温馨、烂漫的氛围中，不知是为了遮风挡雨还是因为害羞，也许是两者兼而有之，每个姑娘都打上一把黄伞，围上一块大头巾，只露出眼睛和上半张脸，更增添了神秘气氛。

火把节上跳朵乐荷舞，实际上是节日赛智的内容，彝族姑娘的聪明才智和心灵手巧在这里得到了淋淋尽致的展示和发挥。她们美妙的歌喉唱出或用金黄的伞展示出自己对美好生活的向往，对美的热爱，对美的体验，对美的追求。

在火把节的日子里，人们除了跳朵乐荷舞之外，还要跳其他的舞蹈，以前跳锅庄舞，现在跳经过改编的达体舞。达体舞是对彝族传统锅庄舞进行改编以后形成的新的集体舞，目前，在凉山地区达体舞普及率很高。1990年开始至今，凉山州有关领导与专业人员，对四川、云南各地的锅庄舞进行了综合、收集与整理，把原来各地每节都是单独存在，可跳几个小时的舞蹈，缩编成十三节、每节约三分钟的规范的达体舞，只需半小时左右即可跳完。达体舞推陈出新把古代彝族文化与今天的时代精神相融合，又加上选编后的民族音乐节奏更加鲜明欢快，形式更加自由，可以一个人跳，也可数十人乃至数百人一起跳，因此深受群众欢迎并迅速在凉山的村村寨寨得到了普及。这种达体舞一般是姑娘和小伙在节日和闲暇时在场坝或野外草坪上跳。由男女排成一行或两行，以踏脚为主，两手相牵或叉腰，舞蹈动作简洁明快，粗犷奔放，音乐流畅优美动听，是火把节上一种主要表演、娱乐方式。参加跳达体舞的有白发苍苍的老爷爷，有落牙空口的老奶奶，有留着"天菩萨"的少年儿童；更不用说等待已久的青年。那一队队身着华丽的民族服饰、进行忘我表演的队伍，确实给人留下了极其难忘的印象，而这些年的凉山彝族国际火把节，想必是更加动人的。节日里，跳朵乐荷舞的彝家姑娘们在黄伞的映照下，露出一张幸福开心的笑脸，她们越跳越起劲，越跳越开心。天上月儿圆，地上人团圆，大家情深似海，把节日的喜庆气氛推向了高潮。

在火把节的日子里，人们都在追求着光明与幸福，纵情高歌，面对着人山人海或自然高歌一曲，或吼一声，这声音、语言，彼此听懂了，那是生不能离、死也离不开火的民族——彝族人民在相约远方的朋友，如朋友能听懂这呼喊的含义，那就走进了彝家的火把节。这一曲曲动人心弦的朵乐荷曲调，歌声唱出的是亲切、友谊、友爱，更表示请你到彝家火把节来玩一玩，喝杯早已准备好的节日美酒，唱上一曲那牵挂着多少彝家人心肠的悠扬的彝族古歌——朵乐荷。

第三节 火把节的特征

火把节作为彝族最盛大的节日，参与的人数最多，影响面最广，是最为重要的传统文化传播与传承的时空场域。火把节作为民俗类节日，具有民族性、群众性、地域性、祭祀性、竞技性、综合性、象征性、活态性、流变性等特性。

一 民族性

我国西南的彝、白、纳西、傈僳、普米及拉祜、哈尼、基诺族，少数的苗、瑶、壮等民族都有过火把节的习俗。《南诏史论丛》记载，彝、白两个民族的火把节最为隆重，是全民性的盛典。由于民族的语言、风俗、心理素质、宗教信仰的差异，同一火把节也有各民族的印记，具有各自的特点。从其称谓和活动的内容看，凉山彝族称火把为"则各"，称火把节为"都则"。云南省剑川及鹤庆西山彝族支系的黑话人同当地土著白族同称火把节为"角登架"，"角"为松明，"登"为灯，"架"即节，意为点松明火的节日。洱源县大松赕的彝族称火把节为"回准突"，"回"是火，"准"是节，整个词有"火把节"之意。大理市下关镇大麦地一带的彝族语称火把节为"苦俄彩里"，意为过六月节。漾濞县龙潭乡彝族又称火把节为"阿都只排"，"阿都"为火，"只排"为把，整个词为"火把"之意。巍山县五印彝族称"可啦赛勒"，"可啦"是六月，"赛勒"是过节，意为"六月节"。鹤庆中江彝族称火把节为"孩呼你次亿霞架古"，"孩呼"是六月，"你次亿霞"是二十四日，"架古"是过节，即"六月二十四日节"之意。洱源大松甸彝族称"回记统"，意为"竖火把"。彝族大多数在农历六月二十四日过火把节，贵州多数是六月六日[见《彝族简志（下）》]。

  火把节主要盛行在彝语支民族中，从民俗传承方面说明了这些民族之间除族群渊源关系和语言系属关系外，还存在着文化亲缘关系。火把节集中呈现了彝族人民多样化的社会实践，不仅充分展示了民众和个人的创造力，也体现了彝族民俗传统和节日文化的支系性与地方性，展示出各地民众独特的节日实践和世代累积的时间经验。一方面，人们大都以主人翁的姿态参与其间，在各种节日活动中充分展示自我，感受传统精神，从而维系民族认同和文化期待；另一方面，通过日常生活中的熏习传染，节日操演中的身体力行，人们不断习得传统知识和才艺技能，进而自发地传承和传播自己的节日文化。由于社会经济的急速变迁，在本土文化生态系统中保护非物质文化遗产的急迫性得到充分认识，彝族人民积极、主动地投身到保护自我文化的行列中来。

  （1）火把节期间，彝族扶老携幼，从四面八方赶来参加各种传承实践，以期留住自己的节日文化之根。日常生活中，民众自愿投工、投劳，共同修缮火把节活动场所，自觉自愿地维护村寨周边和山坡林地的生态平衡。

图1-17　人们从四面八方赶赴火把场

（2）相关社区和传承人群体积极协助政府有关部门收集、整理、传承与火把节相关的史诗、神话、传说、故事、歌谣、民谚等口头传统知识，主动提供相关的民俗文化实物。

（3）相关社区善于吸纳本土传统社区自我管理的经验，充分发挥德古和毕摩等长老的作用，组织具备特殊技能与才艺的能人，共同督导火把节的传承实践，发现和培养代际传人，使该项遗产的创造性活力得到存续和发展。

（4）在相关社区和传承人的支持、参与和协作下，楚雄市成立了彝族习俗传袭所，普格县成立了螺髻山火文化研究协会，两地举办过培训班48期，内容涉及服饰技艺、民歌、民间器乐等方面的示范性传习和青少年人才的培养等。

彝族火把节是彝族先民基于对火的崇拜，对自然的崇拜，并把火摆到一个十分重要的文化位置，赋予它神圣而崇高的独特含义，依托族群记忆潜移默化的风俗传统，最终形成别具风格的火文化的特定载体和完美形式。火把节体现出民族传统文化的丰厚积淀和精深内涵，连接着人类文明和民族精神，是彝族火文化壮怀激烈昂扬向上精神的展示，是彝族火文化人文关怀和浪漫主义情怀的体现。有人评价凉山彝族火把节是中国民族风情第一节，是典型的东方狂欢节、东方情人节、东方美女节，火把节堪称世界优秀传统文化宝库中一颗光辉灿烂、耀眼夺目的明珠。彝族火把节作为民族传统文化发展的精华，作为彝族火文化展示的典型模式，作为民族风情习俗传承的代表形态，是民族情感、民族意志、民族气节、民族精神的集中体现，是民族团结度、民族亲和度、民族凝聚力、民族生命力的标志和象征。

世界文明史证明，"越是民族的，就越是世界的"。具有鲜明民族特色的凉山彝族火把节是人类社会科学、自然科学、人文学科发展而来的结晶，对于研究彝族文明史乃至中华文明史，对于研究民族学、民俗学，对于弘扬继承民族优秀传统文化，见证悠久丰富的中华文明史，见证中华民族文化的不朽生命力都具有不可替代的价值，都具有深远的历史意义和重要的现实意义。

二　群众性

彝族火把节深入民心，凸显民意，全民响应，民众的广泛参与促成了火把节的文化氛围最浓厚，内容最丰富，因而火把节成了最热烈、最欢快、最隆重的节日，它所覆盖的彝族聚居区域和所包含的丰富内容，是其他任何形式的节庆都难以企及的。仅从几个大的方面来看，它既是体育竞技的盛会，又是歌舞才艺展演的文化盛宴；它既是农技知识的交流会，又是劳动成果的展示交易会；它既是选美和服饰的比赛，更是亲朋好友相见的族群大团拜，所有这些活动形式都是彝族优秀传统文化的彰显。无论是战争、狩猎场面的模仿活动，还是远古生产生活场景的表演与再现；也无论是七彩纷呈的盛装展示，还是举杯把酒迎宾待客的社交礼仪，都具有其独特文化内涵，它既是古代彝族民众生活的延续与再现，又是古老民俗传统的遗留，对于研究彝族风俗渊源的发展与流变具有十分重要的价值，同时，凉山彝族火把节因基于历史积淀丰富、内涵博大精深、形态绚丽多彩、地域特色浓郁的文化层，加之处于全国最大彝族聚居区的地位，使之成为发展民族文化、增强社会凝聚力、增进民族团结和社会和谐稳定、促进文化对内对外交流的绝佳平台。

图 1-18　夜幕降临，田野里男女老少都点燃了火把

彝族火把节发源自民间，流传存活于民间，是一个群众自发组织参与的民间节庆活动，它的群众基础最为牢固。火把节活动中，不论年纪大小都有自己可以参与的活动：小孩打火把、唱火把歌、跳火把舞，还有各种老鹰抓小鸡、狐狸护仔等游戏活动；青年男性参与的有摔跤、赛马活动，女性参与的有唱火把歌、跳火把舞、选美；成了家的中年人以自家驯养的斗牛、斗羊、骏马获得胜利为荣；熟悉彝族传统民俗者在活动过程中一直是主角；知识渊博的口头文学传播者演述火把节的传说，举行赛智活动。

三　地域性

彝族分布面广，不仅云、贵、川、桂有其族众，且在海外特别是东南亚一带也有彝人生存；由于各个地方所处的地理环境、自然条件以及社会形态的差异，火把节中活动内容和方式也有所差异，凉山彝族地区的火把节保留最完整，民族风情最浓，最具原始活态性。四川省凉山彝族自治州和云南省楚雄彝族自治州的大部分县市，以及云南省昆明市、大理白族自治州、红河哈尼族彝族自治州、贵州省毕节市、广西壮族自治区百色市的部分县，都是火把节的重点分布区。此外，邻近的白族、纳西族、哈尼族、傈僳族、拉祜族、基诺族、布朗族、普米族等多民族杂居区也一直有过火把节的传统。

彝语北部方言区俗称凉山彝语，凉山彝语方言区彝族文化自成体系，保留完整，是火把节的主要流传地。这一方言区包括四川省凉山彝族自治州为核心的四川全省的彝族和邻近四川的云南昭通和丽江的部分彝族地区，人口近400万人。这一地区北有大渡河，南有金沙江，东有乌蒙山，西有贡嘎山，处于我国西南横断山脉的高山峡谷地带，这里山高坡陡，谷深林密，交通不便，人口密度相对较低，历史以来，这一区域受外来文化影响较少，新中国成立以前被称为独立倮倮。凉山彝语有一个义诺次方言区，义诺次方言区以凉山州美姑县为核心，包括周边的雷波、昭觉、越西、甘洛的部分和乐山市的峨边县、马边县、金口河区，宜宾市的屏边县的所有彝族，人口大约60万人，这一次方言区彝族不过火把节。

从习俗上看，火把节在凉山也是一方一俗。彝族谚语说："圣乍重视过年，义诺重视送祖灵，所地重视结婚仪式，阿都重视火把节。"从当今各方言区过火把节时的气氛来看，阿都次方言区的布拖、普格、宁南等地的节日气氛更浓一些。

四　祭祀性

一年一度的火把节既是全家团圆的盛会，又是祭祖的盛会，祖先崇拜是彝族宗教的核心，祖先崇拜也是中国境内各民族的优秀传统。祖先崇拜是人类共有的精神文化遗产，只是不同民族的崇拜方式方法有所差异而已。凉山彝族祖先崇拜的思想内涵是祖先为上，祖先为大，有爷才有孙，有父才有子。彝族每家每户都在正房的内屋挂上祖灵牌，有的方言区是在正房楼上中央设立祖灵洞，老人辞世后做好祖灵牌放入其中，节庆假日摆放祭品让家庭成员崇拜。同一代的老年人过世完以后，请毕摩做送祖灵仪式，将家里供奉的祖灵送入固定的山洞，祭拜三代后举行一定的仪式，然后用火焚烧，之后念经将祖灵送往祖界，后代对前代应尽的义务才算完成。

火把节的第一天，全村的中老年男人杀牛、宰猪，根据节日活动规则，按

图 1-19 火把节祭祀

好坏搭配后，根据家庭人口数分成分量不同的若干堆，以每户一堆的份额放在坝子中央，由各家各户自己去取，费用按市场价格支付，除了集体宰杀的外，各家自己也要杀羊和猪，祭祖用的鸡是每家都必须杀的。火把节祭祖杀鸡时，首先放新鲜蒿枝于烧红的石块上，再用水从鸡头淋下给鸡净污，拿鸡的一边念去污经，一边将鸡按顺时针方向不停转；杀鸡时不能见血，只能将鸡捏死；鸡肉端上祭坛祭祖时必须念祈福经，祭祖结束端下祭品时，必须让家庭女主人先尝。宗教祭祀活动是民俗类节日中的一项主要内容，不同民族每个节日的祭祀内容和主题又都有各自的特点。彝族过年结束时以送祖灵归祖为标志，火把节则用火把烧鸡翎及鸡脚壳等来宣布结束。两者都具有浓厚的民俗宗教古义，但各具特色。

火把节是全体彝族人民的节日，彝族格言中说："君主杀牛过火把节；富家杀羊过火把节；穷户杀鸡过火把节；鳏夫用鸡蛋过火把节；寡妇用荞粑和辣椒水过火把节。"可见彝族无论男女老幼还是贫富贵贱都得过火把节，这就充分说明彝族人对火把节的高度重视，甚至节日的食物也是十分考究的，除了备好其他食品之外，还要特别到地里割回当年的苦荞进行脱粒、净洗、晒干、磨粉而后做成条形荞粑；也还要特选黄色母鸡到庄稼地里转三转后拿回放在水里闷死，然后才做成坨坨鸡肉，荞子和母鸡都必须是黄颜色而不能是其他色。

晚上，待到在外的家人都到齐后，才把黄色荞粑、鸡肉、羊肉、猪肉和酒类，置放在高或矮脚木盔里，男主人们将烧红的石块夹到锅庄石旁，清水烧石冒烟时，端上荞粑和肉在烟雾上转一圈后，端到祖灵下供奉，如果祖灵已超度了的就端到门外去供奉，口中念着有关火把节的祈福词："人丁平安，牛羊发展，五谷丰登。"大概的内容不外是对祖先的怀念和祝愿，以及企盼祖灵保佑全家平安、六畜兴旺、生活美满之类，祭祀仪式举行完毕，全家人才能开始用餐。待到黄昏时分，家中的男女青年才点燃火把并举行点火仪式，先点上一支火把在锅庄边上转一圈，家里的其他人只能在屋外点火把，然后就加入村寨中的火把长龙队伍里去，最后再将火把聚到一起，烧起通天篝火开始跳达体舞和自由表演。

火把节第三天要结束时，家家户户都从家中点燃火把并带上祭品去进行节日扫尾活动，在一般欢庆活动之后，就到村口或寨边山坳上将火把熄灭，结束这年的火把节。在结束火把节最后熄灭火把时，每家都各选一块地方，用剩下的火把搭起架子，这些架子设有喂牛、羊、猪的槽和鸡栖息的架，并在槽和架上洒上盐水。这场合外人一般不能参加，因为这家人现在要送走他们老祖先的灵魂，而活在世上的子孙们有什么不幸和冤屈之事，也要在此时念祷一番，向祖先倾诉、祈求保佑，所以外人是不能参加的。除向老祖先叨念不幸和冤屈之外，也还要叨念一些期许和欲望，口中不停唤羊唤马之声，并用手象征性地撒一撒粮，召唤牛、羊、猪、鸡等家畜来吃，其用意是祈求老祖宗赐福牛羊满坡、猪鸡满圈、五谷丰登和子孙平安。到此则一年一度的火把节才算圆满结束。

五　竞技性

彝族火把节是彝族人的竞技场合，按竞技对象划分可以分为人与人之间的竞技，有赛歌、选美、摔跤；人与动物结合的竞技，赛马不仅是马与马的竞技，更是骑手之间的竞技；动物与动物之间的竞技，斗牛、斗羊、斗鸡是动物之间的竞技。彝族人认为，火把节是天下有生命的万物的节日，人过火把节高兴了就唱歌、跳舞、摔跤、选美，动物过火把节就让动物之间比赛决出输赢，让动物也有展示自我的机会。按竞技的类型划分可以分为智力型赛歌、体力型摔跤、形象型选美，智力与体力结合的赛马，展示平时劳动成果的斗牛、斗羊、斗鸡。

赛歌。据历史文献记载，自古以来彝族人于火把节前就在不同场合、不同地点，以村寨为单位每晚举行歌咏练习，这些歌谣大体可分为两大类：一类是几千年来流传至今的民歌，主要有以女性为主人公，演述妇女悲惨命运的《妈妈的女儿》《阿依阿芝》《阿惹妞》，这类歌曲相对较长，唱法固定，歌词大同小异，流变性不大；还有一类是较为短小的表达歌者情感，可以随心情变化，歌词可随意变化的《唱火把节》《爱妈妈》《阿吉姆惹》等，这些歌的歌调可高可低、可长可短，一般视歌者情况和时间灵活掌握，其主要特点是欢快。

图 1-20 火把节斗鸡

选美。选美一般在节日的第二天进行，火把节的竞技活动以第二天为高潮。参加选美的姑娘们慢慢涌入火把场的一角，自动围成一个个圆圈，少则几人，多则十几二十人，或手拉着手，或互相牵着围巾、三角包，形成一线串联，然后在一个领舞并领唱者的带领下，右手举着金灿灿的黄油布伞，踩着细碎而富有韵味的舞步，先由左向右，再由右向左，缓慢而悠闲的循环跳唱，领舞者先唱一句，众人跟着重复应和一句，如此反复不已。德高望重的评委长者们，会在姑娘们且歌且舞的时候，在圈子之间不引人注意地来回走动，同时对圈内的姑娘进行观察，侧耳细听。然后，长者们集中在一起交谈评议，最后推选出本届火把节的美女予以扬名。

赛马。彝族火把节赛马要在指定的圆形跑道上进行，不管是比赛速度的大步跨跃式，还是比赛气质与风度的彝族特有的小步疾驰，赛前确定好比赛的圈数以后，施令者一声令下，骑手便催马疾驰。小步疾驰是彝族特有的赛马形式，骑手要盛装，参赛马匹要套马鞍，马鞍和码头要装饰，比赛中要求马儿不能以跨跃式奔跑，两只前腿或者后腿不能同时离开地面，骑手坐在背上不能前后仰，只能上下颠。所有观众要围坐在场地周围的高处，欢呼呐喊为自己喜爱的马儿加油。

摔跤。摔跤是彝族青年男子们最喜欢的体育竞技项目。在彝族传统中，如果两个男人之间出现摩擦，可以请德高望重的双方都信得过的人做裁判，组织并作证两位男子以摔跤的方式解除怨气，不管谁输谁赢，双方以后不能再向对方找碴儿，犹如西方男人之间的决斗，摔跤时如果受伤自己负责。彝族的摔跤不会要对方的性命，对于攸关性命的矛盾以其他方式解决。彝族传统摔跤不分年龄、不分体重级别，以三局制直接淘汰方式层层筛选，最后取得胜利者为摔跤能手，不选出亚军、季军。彝族摔跤比赛是一种尚武习俗的体现，彝族地区男性从小就参加各种场合的摔跤比赛，在婚娶场合、老年人过世、送祖灵仪式、彝族年等大型的聚会场合都会组织摔跤，只是火把节摔跤比赛更为正式，获得火把节摔跤能手称号的更受人羡慕和尊敬而已。

斗牛、斗羊和斗鸡。彝族成了家的中年男子火把节的主要精力在于斗牛、斗羊和斗鸡场合，赛歌和选美是青年女子集聚的地方，摔跤是青年男子角力的地方，赛马是骑手小青年和特别富裕的有专门坐骑的家庭关心的场合。中年家庭男人最关心的是自己饲养的斗牛、斗羊和斗鸡是否能够取得比赛的最后胜利，主人自愿将自己的牛羊牵出参与比赛，在比赛中即使自己的牛和羊被斗死都不能找对方赔偿。

六　综合性

火在人类进化史上起到了决定性的作用，是人类从蒙昧走向文明的重要标志。彝族大多居住于祖国西南横断山脉的高山峡谷之间，一年四季都需要生火做饭御寒、烧荒播种、照明驱兽，对火的依赖性特别大，而由于当时的条件，又不可能对火的特性有正确的理解和科学的认识，因而对火产生了神秘而敬畏的情感，将它神化而进行崇拜，产生了一系列关于火的神话、传说、故事以及祭祀和禁忌，形成了蔚为壮观的彝族火文化。彝族的火把节既是火文化的传播，又是一大民俗盛典。千百年来经久不衰，而且越来越得到四方宾客的认同，彝族火把节文化活动是激活凉山旅游的支撑点。火把节已经成为凉山独具特色的一张文化名片。

火把节文化是彝族传统文化中的重要组成部分，对火把节文化进行传承和保护，能够整体促进彝族文化的系统性和完整性保护，要完整保护火把节可以从以下几个方面进行思考。

一是强化对传统火把文化遗产的抢救保护，保持原生态文化传统是关键。对原生态传统文化的保护需要政府给予政策上的支持和经济上的扶持。

二是鼓励乡村继续开展火把节传统文化活动，尽可能避免用所谓的现代文化去肢解、冲击和代替传统文化，破坏传统文化的完整性。

三是在火把节期间，创造条件鼓励和引导外来游客参与民间火把节活动，让他们感受彝族民间传统火把节文化的魅力。例如，参加布拖、普格民间地道的传统火把节活动，参加西昌周边大箐、洛古坡彝族农村的民间火把节活动。

四是年年在重点乡村集镇、县城、州府举办民间火把节活动，以民办为主，以官办为辅，政府指导，民间运作，形成群众性的民间节日活动，吸引游客，制造商机，培植人气，扩大影响。

五是文化搭台经济唱戏，以火把节为契机，可以搞活招商引资，但是主次应当分明，不能让火把节只为招商服务，搞表面上的形式主义，没有火把节的实质内容。

六是经济搭台文化唱戏，以经济活动带动民族文化的发展，以火把节为契机，争取经济上的支持，开展火把节文化论坛，知名作家采风，让知名人士走进火把节，走进凉山，感悟真正的彝族火把节，让他们通过参加火把节的活动宣传火把节，宣传凉山。

七是坚持举办国际火把节，扩大火把文化的对外辐射。随着全球化进程加快，交通和通信技术的迅猛发展，凉山已经不再是可以自我封闭的"独立倮倮"王国，国际交流与交往是彝族文化走向世界，不断自我发展和更新的必然选择。

八是坚持把火把节文化活动作为文化核心动力融入旅游业，让更多的游客把参加火把节活动自觉列入旅游计划，做到早计划、早安排、多参与。

九是以创新理念，包容其他文化活动内容，增加火把节的文化活动范围，在火把节期间举办彝族美食节、啤酒节、赛装节等。

七　象征性

火把节历数千年一直流传到今天且日益汹涌澎湃、气势恢宏，是因为它是民族文化之魂，彝族人民从精神和物质上都需要它、离不开它，并且随着历史的发展，社会形态的变革，火把节在历经不同的历史时期时，都在不断增加新的内容和时代特征，因此，火把节才能在日新月异的历史发展变化中，葆有强大的生命力。彝族的火把节作为从遥远的古代流传下来的一种历史文化现象，包含了自然崇拜、图腾崇拜、祖灵崇拜，火把节是包罗万象的原始宗教与传统民族文化艺术融为一体的节日，是展示这个古老而又年轻的民族全民共乐、乐观向上、追求美满幸福生活的大舞台，其内涵就是从人们过去、现在、将来都离不开火而衍生出来的"火文化"之继承与发扬，它是以火文化为代表的民族精神的表现，火把之光将逐退黑暗照亮未来，让人们永远生存繁衍下去并走向更加光辉灿烂的未来。

火在人类发展的历史进程中，火起着十分重要的作用。彝族人崇拜火，是因为他们知道太阳的光辉；彝族人的火塘不熄，是他们知道大地的恩泽。每年农历六月二十四日，彝族用火把祭祀天地以外，还点火把驱除害虫，他们高举着火把，朝着光明，去追随美好的明天。彝族人崇拜火与其他民族的崇火习俗相比较，别具特色。

在彝族的传统意识中，火是神灵的化身，是纯洁、幸福的象征，是财富的源泉，意味着传宗接代，人丁兴旺。

每年到了火把节时，家家户户都要除尘打扫卫生。到了晚上，年轻人把早已准备好的火把拿出，由家庭主人从屋里将火把点出门，一把把火把先绕屋按顺时针转一圈或三圈，再走向自家的庄稼地绕一圈或穿过，大人就在后面念有关驱邪、避灾的词:"烧掉害虫,烧掉害蛾,烧掉贫穷,烧掉饥寒,烧掉饥荒,烧掉死神,烧掉瘟神,五谷饱满,六畜发展,人丁安康。"以示驱邪除魔。入夜,各村各寨游龙似的火把,如闪烁的点点星光的火把最后聚集在一处,烧成一堆大火,熊熊的火焰映红了天边。火把节进行第三天晚上,还要举行特别的活动。这时,人们把各自三天来点剩下的火把禾秆捡来放在一起,然后把它做成猪、牛、羊、马槽形堆放好,再拾些小石块放在槽形的禾秆上,每个模型里都倒上盐水后,大家围坐在盐槽边,严肃逼真地分别大声呼唤马牛羊等牧畜来饮盐,并口中默默念"通过这次火把节,但愿本家粮食堆成山,牛羊遍山坡,美女勇士能人万物聚我家"等祝福语,以求家人安居乐业,吉祥如意。

彝族相信,火是神的化身,随时可以回到天上,向天神禀报情况。来年一家是否六畜兴旺、无病无灾、康乐幸福,全要仰仗火神的眷顾。一家之主要代表全家念诵对火的祝词:"快来呀那个留着天菩萨的小孩,/快来呀那个穿着花绣衣的姑娘,/火把节的夜晚,/快来唱火把歌,/快来耍火把,/小伙伴们呀,/跳呀跳,/笑啊笑,/火把节的夜晚,/小姑娘耍火把,/小娃娃耍火把;/尽情跳,/开心唱,/丰收的季节就来到。"

彝族在这广袤的大自然中繁衍生息,不断地寻找,不断地失去,旧的期待和希望失去了,又去找到新的期望,这新的期待和希望便是人类尽善尽美的永恒的期待和希望。可以说,火把节是彝族人民对生命的集体礼赞。火把节歌正是人们祈盼理想社会生活的心理记录,是生命体验的释放以及对生命的理解和生命本身的展示。无论在远古的洪荒时代,还是在 21 世纪的今天,乃至更加久远的明天;无论是商品经济充分发展的城市,还是穷乡僻壤的乡村,只要生命不息,生活之火则永远不息,火的精神不灭,火把节的歌就会代代相传。

彝族的火把节已经不仅是一个民族、一个地区的社会生活现象,而且已经成为国内兄弟民族以至于国际友好民族之间团结与友谊的纽带。每一个民族都有自己的传统节日,而在滔滔如流的岁月中,这些特定的节日犹如长江的浪峰,显示出它们自己的不凡。在这些众多而各异的节日中,包孕着每一个民族生活中的历史演变、风土人情、宗教信仰、道德伦理、文学艺术等诸多文化因素。彝族火把节,在彝族发展的历史长河中,世代相传,经久不衰,为彝族人民的生活增添无限的意义和乐趣，它振奋和抚慰着彝族人民的心灵，它疏通着彝族人民之间的感情，凝结着彝族人民之间的团结。它成为今天文艺作者的灵感，成为诗人抒情咏怀的源泉，成为作曲家的音谱缘由，成为民俗研究的宝库。

节日在民俗学研究中占有十分重要的地位，因为节日习俗是各种民俗的综合展现。所以说，火把节习俗是彝族各种民俗文化的综合展现，人们可以通过彝族火把节活动中的服饰、饮食、餐具，节日家庭活动礼仪，节日中亲友的交往，节日中的信仰仪式，娱乐活动中的多样形式和丰富内容等，观察到彝族传统的民俗文化和演变中的民俗文化，并能分辨优秀的民俗文化和糟粕陋习，以利引导彝族子孙后代继承传统文化中的优秀部分，抛弃落后的陋习，使火把节的节日民俗文化更加恢宏，不断注入新鲜血液。

火把节是开发潜力巨大的一笔文化遗产，是经贸活动的载体，是民族文化发扬光大的契机。新中国成立前，彝族文化以原始传承方式沿袭着，文化对外交流与自身发展之路上有三道屏障；一是自然屏障，彝族聚居区山高谷深；二是历代统治者的人为因素，封建王朝人为地制造少数民族与汉族之间的敌对心态；三是彝族文化的自我封闭，对外来文化的吸收与包容不足。从而使彝族文化的发展失去了很多机遇，失去与世界文化接轨的机会，在漫长的岁月里缓慢地自我发展着。今天，和平与发展成为国际社会的主流，国家正加大对西部地区的开发，增大了对"老、边、少"地区的扶持力度。机遇和挑战并存，利用信息便利、交通畅达、科学技术高速发展的机遇，发挥落后地区的后发优势，加紧开发传统文化，把传统文化中的精华应用起来，构成我们精神文化的脊柱。就像达体舞的普及，已经远远不止是舞蹈、健身、丰富文化活动的意义，它已经蕴含集体主义教育的意义，体现世界文化交流，成为促进不同文化之间合作的桥梁。利用火把盛会，研发具有民族特色的旅游纪念品，对土特产进行深加工，建设民族风情园，开展国内外学术交流，是发扬民族文化的必要手段，也是创收增效的好途径。

八　活态性

火把节植根于彝族的火文化，彝族火文化植根于彝族传统文化，彝族传统文化又植根于中华民族文化。没有博大精深的中华民族文化和彝族传统文化，就不会有丰富多彩的彝族火文化，也就没有恢宏的火把节。反之，没有彝族火把节，彝族火文化就不完整，彝族传统文化就会严重缺损；没有彝族火把节，彝族传统文化就会减少魅力，就会相应失色。显而易见，凉山彝族火把节在彝族传统文化中的重要地位以及它所独具的社会和谐进步的促进功能和它所葆有并日益显现的巨大发展潜力，使它承担着彝族优秀文化遗存的传承与教化，民族认同感和族群记忆的强化，民族自信力和凝聚力的培养，民族文化生命和精神独立性的坚守，民族文化风情风俗的延展，民族历史文化完整性的探求，民族文化深广度变革发展等文化使命。

凉山彝族火把节是人类社会顺应自然、亲近自然、尊重自然、礼遇自然从而不断走向文明进步的见证，闪耀着思想智慧的火花，刻录着信念情操源流的活化石。由它作为重要组成部分所构建的火把节文化是一份需要我们很好继承并将其发扬光大的宝贵文化遗产。

彝族自开始过火把节以后，不管世事怎样变迁、朝代怎样更替，火把节在民间的传承和传播一直没有间断。在当今全球化进程加快，信息化深入地球的每个角落，人员交往空前频繁，文化交融的广度和深度不断拓宽与加深的过程中，很多少数民族文化受现代文明的冲击，出现了民族文化被弱化和边缘化的现象；特别是在中国，汉文化作为官文化具有强势地位，少数民族文化在汉文化的包围下生存空间越来越小，但是，火把节作为彝族最隆重的节日，由于民众的广泛参与，群众基础扎实，因而其能够很好地活态性传承于彝族民间。

九　流变性

火把节表现彝族人民英勇尚武、与邪恶作斗争的民族精神，无论火把节传说中的阿体拉巴智斗斯惹阿比、战胜天降的害虫，还是传统延续下来的斗牛、斗羊、斗鸡、赛马、选美、摔跤等节日内容，都贯穿了一个"斗"和"赛"，体现了彝族人民战天斗地的精神和勤劳勇敢的特性。1956年凉山实行民主改革，废除奴隶制度，完成了社会历史一跃千年的飞跃。50多年来，彝族地区发生了翻天覆地的巨大变化，但由于社会经济基础相对薄弱，政治、经济、文化各方面的发展明显滞后，与发达地区差距逐渐拉大。一是在边远山区，彝族聚居的心腹地带，彝族民众在相当程度上还延传着其固有的生产生活方式，彝族的民族文化仍然保留着古朴、独特的原生态风貌，许多文化传统仍然是由当地彝族所恪守和珍视的价值构成。二是随着历史变革和经济发展的进程，随着现代文明逐步由边缘向腹心，由浅层向纵深的渗透，凉山彝族传统文明的发展走向也面临着严峻的流变和多方位的挑战。三是以汉族文化为主体的教育体系在彝族地区的建立与普及，相当数量的彝族少年儿童进入学校接受现代文化教育，其固有的文化传统被同化、淡化，以流行文明、商业文明、信息文明为特征的现代文明冲击波激荡着彝族的原生文化，以及他们对本土母体文化的认知舍弃，使他们不再对自身民族文化有刻骨铭心的神圣感和充分的了解，因而从观念和价值取向上与原始整体族群的认知出现了差异，降低了原生文化的实际意义认同率，流变为多元文化的混合体。一些非火把节传统项目，因官方组织者的喜好，放入火把节的活动之中，没有群众基础，没有文化内涵，火把节也因之在某种程度上缩小了参与面，削弱了召感力和吸引力，参与者也因之减弱了热情，火把节的整体影响力也就面临着弱化的危险。

随着我国鼎盛的农耕文明的萎缩和凉山彝族半农半牧生活方式的退化，其生产、生活方式及其与此相关联的文化现象也在悄然发生着变化。彝族地区由于经济发展的滞后，大部分农村剩余劳动力外流到汉区务工，农村地区出现了空巢现象，影响了火把节参与的人数，同时，这些在外务工的人员，由于生活在汉区，长期受汉文化的影响，对彝族文化的重视程度逐渐在衰减。受现代技术的影响，火把节过程中的一些传统文化元素在悄然发生变化。有了录音设备，人们把最好的乐器曲录制播放，影响火把节现场的乐器弹奏；人们将平时演述得最好的克智和博帕录制播放，影响火把节人们演述克智和博帕的情绪；彝族传统选美是在火把场地中央举行且不化妆，现在选美走向舞台化，参选人员浓妆艳抹，传统选美每个选美场合只选一位，现在不仅有金花，还有银花和铜花。由于人们生活水平的提高，经济实力在增强，火把节期间的家庭支出在增加，以前比较富裕的才杀羊，现在杀羊的比较普遍，以前杀鸡的普遍，现在只杀鸡会被笑话；彝族服饰盛装中的银饰在增加，而珊瑚珠和蜜蜡珠等饰品在减少。

彝族火把节从民间走向官方，每次彝族国际火把节都是政府在主导，以文化搭台、经济唱戏的模式举办，彝族火把节成了地方政府的宣传平台，成了吸引游客、促进旅游业、增加经济收入的渠道，成了地方政府招商引资的一张文化名片。

第四节　火把节的价值与功能

火把节的杰出价值和功能，在于历经漫漫岁月、风风雨雨的考验，承受沧海桑田、社会变迁、大浪淘沙的冲刷荡涤，能够顺应文明进步的趋势，保持原生态火文化强劲生命力的难能可贵；在于排开不断出现的理念异化和文化流变的各种影响干扰，对包括民族气节、人文精神等在内的优秀传统文化进行成功恪守。

一　火把节的价值

凉山彝族火把节隆重、盛大的基础性和代表性地位虽未受到动摇，但由于受生产、生活方式变化所带来的不同程度的影响，致使火把节原有的实际意义和服务功能发生变化。随着经济社会的发展和农耕技术的进步，加之农村电网的建设，以火照明、以火灭虫的原生文化已成为历史；另外，原始森林的大量砍伐，野生动物的大量减少及国家实施法律保护，彝族历史上盛行的狩猎活动结束，从而冷落了冷兵器的使用，也就失去了尚武与竞技比赛的原动力；同样，交通的发展，工业化生产的廉价工业品，在相当程度上取代传统的事物，导致火把节活动内容的退化缺失和活动规模简化收缩，等等。所有这些综合因素，都对火把节原有的强势文化社会服务功能造成多方面不同程度的削弱，给火把节的族群认同基础带来了一定影响。

火把节对于彝民族来说具有多重文化价值。火把节的传说，火把节中摔跤、斗牛、斗羊等竞技体育活动，体现出了彝民族崇尚英雄的民族精神文化价值；年轻姑娘盛装轻歌曼舞参加选美的传统活动，展示了彝民族惜美尚美、追求美好的审美文化价值；火把节参与人群的全民性以及活动中族群成员之间的互动，蕴含着社区团结和谐的文化价值；严格的程序规范和活动中的一些禁忌体现出了传统伦理道德文化价值。

（一）崇尚英雄的民族精神文化价值

作为半农半牧的山地民族，彝族人的文化价值中保留着狩猎民族崇尚英雄、敬重勇士的传统民族精神。关于火把节的来源民间有不同版本的传说，可以看出各种传说的成型时间前后有别，反映了不同历史时段的主要社会矛盾，但是，这些传说都有一个共同属性就是颂扬英雄，表达了后人对传说中的民族英雄的敬仰之情。

在族人与天神的斗争中，带领人们一次次战胜天神的惩罚，避免族人受到伤害者是英雄；在部落征战中带领族人惩恶扬善、报仇雪恨者是英雄；在和平年代的体育竞技项目中，通过力的角逐取得摔跤冠军者，在人们心目中同样是英雄。彝族火把节活动中摔跤、斗牛、斗羊等体育竞技活动取得冠军者也是英雄，火把节的传说和体育竞技活动是彝族人崇尚英雄的传统精神文化价值的代际传扬与活态再现。

（二）惜美尚美的审美文化价值

彝族人视火把节为生活美、民俗美、精神美的现实追求和个性展示的重要时空场域，节日活动中所呈现的传统审美观也成为彝族生活世界中最具魅力的

图 1-21　彝族靓男俊女吸引众人的目光

文化表达形式，火把节赛装和赛美活动是彝族最具深远影响的审美文化价值。

到了火把节，彝族人都会穿上自己平时舍不得穿的最漂亮的新衣，有年轻姑娘的家庭还需要特意给女儿准备赛装和赛美的服装，赛装、赛美时穿的服饰平时不穿，不仅服装要新，还需要配上各种华丽的配饰，腕饰为金、银、铜、玉、石质手镯，戴金、银或石料镶金银马鞍形、猫眼形戒指，头、胸、背饰为金、银、铜、玉、红色珊瑚质链、锁、坠等，参加赛装、赛美的服饰一整套价值几万元甚至十几万元。

彝谚说：父母都愿儿子最勇敢，女儿最漂亮。火把节的第二天，所有参加选美的选手会集到火把场地，大家打着黄伞，身着盛装，用方巾相互牵引绕成圆圈，轻唱着专门在火把节时演唱的朵乐荷调，一步三摇地慢慢舞动，等待评委评出最后的结果。评委一般由该片区德高望重的彝族德古组成，在评选过程中要结合选手平时的品行，选美在白天举行，不设舞台、选手不化妆、没有才艺展示，美女只有头衔，没有奖金。彝族传统选美是群众自发形成的、自娱自乐的民间活动，活动简洁、古朴，民众参与的积极性极高，彝族选美在民间影响深远，对彝民族审美文化的形成具有不可替代的作用。

（三）共建共荣的和谐文化价值

火把节期间，彝族社区民众共同参与并传承着这一节日文化，根据自己的年龄参与相应的火把节不同的活动。在日常生活中，民众自觉自愿地维护火把场地的生态，学习着火把节各种活动的相应知识。在火把节各种竞技场合中，观众有自愿捐献奖金和各种奖品的传统，竞技比赛获得冠军者的奖金和奖品来自观众的自愿捐献。

彝族火把节第二天参加活动的民众超越自然村落的范围，彝族一般的自然村落人口户数不会很多，因而常常是同一个片区相邻的十多个自然村落会集到一起过节，每个项目都必须有一定数量的参与者才能使活动正常开展。男子摔跤比赛要在成年男性中进行，小孩之间的摔跤只能在平时婚丧嫁娶或者非竞赛的娱乐中进行，没有十多个村甚至更多村落的姑娘参与，选美的氛围就不会这么热烈，斗牛、斗羊在同一个村的牛羊中难以展开。火把节是彝族社区人员敞开心扉交流与往来的最佳渠道，是平和、融洽的社区和谐文化建设的载体，是相同文背景下共建共乐的最隆重的节日。

火把节集中呈现了彝族人民多样化的社会实践，不仅充分展示了民众和个人的创造力，展示出各地民众独特的节日实践和世代累积的文化经验，同时体现了彝族民俗传统和节日文化在社区交往与管理中的和谐文化价值。

（四）遵循伦理的道德文化价值

彝族认为火把节中的祭火、祭祖是神圣的，必须充分尊重仪式的规程，不能随意更改。祭祀时禁止喧哗；禁忌妇女献祭供品；忌用黑色的鸡祭祖；忌男性参加朵乐荷歌舞；男性不选美，女性不摔跤、不骑马。时至今日，民间的火把节还严格遵守着这些传统禁忌，政府推动的火把节增加了男子选美的内容，选美的评价标准也有所改变，只注重形体美与才艺佳，对选手的品行不再重视。

火把节各项活动以相同年龄和性别分别组合在一起开展活动。小孩们打火把、做游戏的活动由小孩子们自己做主；年轻姑娘的选美有严格的举行成年礼后的身份限制；参加摔跤的小孩子被摔伤只能自己负责；各家庭自愿参加斗牛、斗羊，牛和羊就是被斗死也只能自己负责。

火把节的传承自觉成为彝民族最为重要的文化传布使命。一方面，人们大都以主人翁的姿态参与其间，在各种节日活动中充分展示自我，感受传统精神，维系民族认同和文化期待；另一方面，通过日常生活中的熏习传染，节日操演中的身体力行，人们不断习得传统知识和才艺技能，进而自发地传承和传播自己的节日文化。

近年来，各地彝区的民众常常走出自己的山寨，跨过县界、州界乃至省界，不远千里去他乡过火把节，并以主人翁的姿态参与其间，感受共同的文化传统和历史连续感。由此，节日满足了各地彝族社区、群体和个人之间相互了解、彼此尊重、团结和睦的精神需要。此外，本土社区和当地民众不同程度地受惠于节日经济的日渐繁荣，生活水平得到提高，也顺应了本土社会的可持续发展。

图 1-22 布拖县火把节的夜晚

二 火把节的功能

火把节民俗活动传扬时间的久远，使火把节成了彝民族成员的共同族群记忆，不论是四川、云南的彝族还是贵州、广西的彝族，火把节是彝民族共同的节日。虽然过节的具体程序和活动内容有一些细微的差异，但是，节日的隆重程度、过节的意图、节日的内涵、节日所起的作用一致。近年来，国家在文化建设中对火把节的重视，火把节所获得的一系列荣誉，使火把节更是成了彝族文化自觉、文化自豪的元素，火把节在彝族山地文化中一直发挥着多重社会文化功能。

（一）传统文化认知与传习的功能

很多彝族传统民俗文化知识通过火把节活动进行横向传播和代际传承。熟悉火把节礼俗、知识渊博的民间文化人，对传统文化的坚守和传播自然地落到了他们的肩上；热爱彝族文化的火把节参与者，也通过火把节的活动吸收了彝族传统文化知识，学习并参与传统文化实践，在实践中获得更多的经验；普通参与火把节活动的民众，自觉成为文化活动事项的受众，民众的参与使这一传统活动发挥出了更加积极的认知功能。

通过节庆活动传习文化，文化活动现场就是文化传播和传承的特定时空场域。火把节活动内容宽泛，既有民间口传、歌舞演艺、器乐演奏、服饰展示、选美等表演活动，又有克智赛辩、摔跤、斗牛、斗羊、斗鸡等竞技活动。参与者通过个体的实践，在实践中习得知识、提高技艺，围观者在相应氛围中引起兴趣，进而记忆、模仿、习得。火把节是民间口传的学习现场，过节的过程就是火把节歌舞传习的过程，摔跤手参与竞技是向高手挑战、学习自己没有掌握的摔跤技法、提高竞技能力的过程，参加选美的姑娘在众人的关注中，在评委的点评中穿上最为合身的盛装，在轻歌曼舞中展示自己最为靓丽的一面。

（二）传统伦理与社会知识的教育功能

火把节活动富有民间文化传习中寓教于乐的特定方式。通过知识技能的展示，智慧与艺术的传播，实现文化的自我认同与自我教育；与此同时，通过民众的广泛参与，以自身持续的传统实践，习得并传播其文化，对于培养民族精神和民族性格具有显著的社会教育功能。彝族社区目前还保留着相对完整的礼俗，通过火把节的各种活动，对参与节日活动的社区民众进行相应的无形教育。包括通过祭祀活动体现和培养孝道文化，社区共同的节日参与培养了社区成员之间的和谐共荣意识。通过选美活动规范民众的审美观念，促进人们爱美意识的形成；摔跤比赛的开展继续发扬彝族尚武精神，并通过参与活动学会该项体育项目，起到强身健体的作用；斗牛、斗羊、斗鸡的活动继承着民间的家庭荣誉观念，荣辱感是建立社会规范的最佳工具。

（三）陶冶情操的社区民众娱乐功能

火把节各类节日活动所承载的民俗表演和游艺竞技，保留了原初形态的族群记忆、文化模式及娱乐价值，在长期的传承和发展中成为陶冶心灵的节日狂欢。火把节作为彝族最为盛大的节日，其娱乐性特点最为突出，有人称火把节为东方的狂欢节，也有人称之为东方的情人节，火把节是彝民族全民参与的娱乐狂欢节，节日中不同年龄的群体都能通过活动找到自己可以参与的项目，兴趣不同的群体也可以根据自己的爱好参与自己所喜欢的活动。彝族传统认为，火把节不仅是人间的节日，所有的动物也来过火把节，参与活动的动物都可以通过火把节展示自己，像人们一样获得自己的荣耀。斗牛场上斗赢的公牛仰头狂吼，感觉洋洋得意，这不就是对自己的赞许，向对手的示威，向观众展示自己的本领吗？

为期三天的火把节活动中既有严格的祭祖仪式，又有以娱乐为目的的各种嬉戏活动。火把节是全民参与的民俗节日，在活动过程中，社区成员按照年龄段组合成与自己年龄相符的群体参与活动。小孩子们除了唱火把歌、跳达体舞、捉迷藏外还会自己组织做"老鹰抓小鸡"、"狐狸护仔"等游戏。小伙子们白天的主要精力在摔跤场上，要么自己参与比赛，要么给自己的好友、本家兄弟助威；到了晚上，避开小孩和老人的视线，邀约自己喜欢的姑娘赠予其节前准备好的礼物。年轻姑娘们穿上盛装，在火把场地撑起油布黄伞，用围巾牵成圆圈，轻唱着朵乐荷轻舞着参与选美。成了家的中年男子最为关心的是自己精心饲养的斗牛、斗羊、斗鸡今年是否能够获得冠军。上了年纪的老人主要关心的是谁在今年的民间口传中有新的内容，谁今年吹奏的乐器比去年更为动听，是否有新的更为动人的乐曲。火把节以其独具风情的节日活动而令人神往，令人陶醉。

火把节是彝族节日文化的典范，人们在秋收来临之际纵情狂欢，在娱乐中接受传统文化的熏陶，在娱乐中陶冶情操。整个节日是火的旋律、花的世界、歌的海洋、力的角逐、爱的升华。只要参与过彝族火把节的人们，都对这个充满民族特色的传统节日难以忘怀。

（四）全民族审美意识的规范与培养功能

彝人视火把节为生活美、民俗美、精神美的现实追求和个性展示的重要时空场域，节日活动中所呈现的传统审美观也成为彝族生活世界中最具魅力的文化表达形式。

图1-23　盛装参加火把节

火把节选美是火把节活动中最为古老、从未间断、最受欢迎的活动项目之一。彝族人以家有美女为荣，对于美女的父母，平时大家对女儿的美貌进行当面赞扬会爽快接受，不会去猜忌评价者是否有什么心机。彝族美女的标准有不成文的传统审美观，既要看外在的相貌，也要结合平时的品德。

（五）社区及其成员间的交流互动功能

火把节不仅强化了彝族村寨之间、成员之间、代际之间，乃至支系之间的社会互动与文化和睦，而且也促进了族际间的对话与文化交流。

火把节歌谣唱道："贫富贵贱都来过火把节，林中鸟兽都来过火把节，世间万物都要过火把节。"生动地反映了社区成员平等参与节庆的心理诉求和与自然和谐相处的生态理念。人们在各种节日活动中既充分展示自我，又彼此互为欣赏，使得火把节以其独特的凝聚力以及亲和力在彝人的生活世界中成为理想的文化表达方式和人际沟通模式。

每年到了农历六月二十四日前后，常常能够从报纸、电视、网络等媒体中看到，生活在非传统意义上的彝族社区的彝族过火把节的消息和场面。北京彝族过火把节、上海彝族过火把节、广州彝族过火把节，这种以一个传统民俗节日的形式凝聚散居在非聚居地的族群，打破平时工作的类别和生活的领域，促进了族群成员之间的交往与互动，在过节中重回构拟的原初文化生态环境，重拾族群记忆。

（六）族群认同的认知功能

火把节作为传统民俗节日，它涵盖了彝族民众生生不息的民间信仰、仪式实践、游艺竞技、民族审美、服饰艺术、人伦规范、民俗礼制等传统内涵，成为彝族节庆文化的象征符号，是族群认同和文化自觉的重要依凭。

火把节一直起着增强社区和群体的文化认同、文化自豪感以及社区成员的文化联系的作用，激发着社区群体参与节庆的热情，丰富了社区的文化活动，增进社区、群体和个人之间的相互理解和包容，从而进一步发挥着促进维系社区互动的传统活力；不同文化背景的人们对这一区域性节日的价值认同和广泛参与，增进了本土社区与周边地区各民族之间的文化对话与相互尊重。

第五节 火把节的传播与影响

火把节是彝族人民最为重大的传统节日，每年定期在彝历猪月下弦月第九日，农历的六月二十四日举行，旨在祭祖祀火、禳田防灾、祝祷丰年。按"祭火—庆火—送火"的顺序开展为期三天活动，过节期间的民俗活动主要有祭祀火神和祖先，打火把照田驱虫，选美和赛装，摔跤、赛马、斗牛、斗羊、斗鸡等民间竞技，跳朵乐荷舞、达体舞、左脚舞、阿托皋舞、大锣笙舞，吹奏口弦、月琴、彝式竖笛等歌舞娱乐活动。火把节深深植根于乡土民间的生活世界与时间经验，在人们与自然、环境和历史的互动中，长期发挥着维系族群认同、传扬人文精神、增强社区互动和促进民族交往的社会功能，既是族群文化创造力的体现，也是人类文化多样性的写照。

一 火把节的传播

在世界经济一体化的趋势下，文化间的相互交流和传播促进着大量文化因子的互动与转移。民族民间节日作为民俗文化的载体，同样也在迅速地发生变化。凉山彝族火把节这一传统的民间民俗节日庆典就处在当代文化的碰撞、交会与变迁中，并已由原生态的乡土化传统模式，衍生出都市风情，商业运作的现代模式，使传统意义上的节日文化在种种非本土化和去本土化的民俗衍变过程中，发生不同程度错位、变形甚至异化。有学者将不同模式的火把节分为原生态、半原生态和官办火把节。显然凉山彝族火把节出现了上述情况，尤其是第三种火把节已改变了原生态火把节的本真意义和固有色彩，并被注入了诸多新的文化元素而改变了其原有的特殊文化功能。

20世纪80年代以来，楚雄州和凉山州先后于1986年和1987年将火把节正式纳入本州法定节假日，连续放假三天，极大地提升了相关的民俗活动和节日庆典的可见度。同时，每年由政府组织和举办盛大的彝族火把节庆典，赢得了各族民众的广泛赞同和支持；云南省和凉山州先后制定的《云南省民族民间传统文化保护条例（2000）》和《凉山彝族自治州非物质文化遗产保护条例（2010）》使火把节传统民俗得到了法制化、规范化的长效保护。近年来，地方政府和相关机构对该传统节日给予了前所未有的关注，在资料的收集、整理和出版方面投入了大量的人力和财力，确定了该遗产传承的重点保护区，两州共计整修和扩建传统火把节场地 49 个。目前，两州各级政府正在陆续采取一系列保护措施，包括正在两州范围内全面开展普查、建档研究工作，对濒危的火把节传统项目采取抢救性保护，资助和鼓励传承人在本土社区开展授徒传艺活动等。

凉山彝族自治州自建州以来，政府组织协调有关部门，以专家学者为骨干深入葆有原生态火把节文化的地区进行调查研究，收集整理了大量相关资料，其中包括神话传说、民间故事、叙事长诗等。并在不同时期发表了大量研究文章，基本弄清了火把节的起源、历史沿革、风俗习惯中的地位、传统文化意义、现状等情况，并有针对性地提出了鼓励和引导原生态火把节自然发展传承的早期措施。随着社会经济的发展变化和人们生活水平的提高，火把节在逐渐扩大规模的同时提高了知名度，增大了影响力。分别在普格县和布拖县境内形成了多个利用民间资源，自然形成的火把节场地，并发展成为最具代表性的火把节核心区域。20 世纪 80 年代初，中央新闻记录电影制片厂慕名专程前往普格和布拖拍摄制作了反映两县彝族火把节情景盛况的新闻专题片在国内放映，进一步扩大了凉山彝族火把节的影响面。进入 90 年代后，两县专门为大型火把节而修建的场所也应运而生。凉山州从 90 年代中期开始至今成功举办了每一年的火把节，其中还有超大规模的前后六届中国凉山彝族国际火把节。将火把节的特色魅力充分展示给了世人，并把影响面扩大到了世界各地。

2014 年火把节期间，中国中央电视台中文国际 CCTV4 频道《传奇中国节》系列节目对彝族火把节进行了直播，此次直播采用多点直播多地报道的形式，以四川凉山普格、云南楚雄双柏、贵州威宁三地为基点同时进行直播。栏目以新闻的角度报道文化，以文化的视野解读新闻。在 2014 年 7 月 20 日晚 20 时开始的两小时直播的花絮中，围绕"火、力、美、趣"四个主题，展现火把节的奇、趣和独特的火文化。四川凉山普格以"点火把仪式、千人跳朵乐荷表演、火把游山、达体舞狂欢"为主要内容。云南楚雄双柏以"彝族毕摩祭火、点火仪式、彝族大锣笙、举牛、耍火把、踩犁铧、彝族四弦舞、篝火狂欢"等为主要内容。贵州威宁以"神秘的点火仪式、祭祀仪式、国家级非物质文化遗产'撮泰吉'展演"等板底彝乡的神秘传统民族文化为主要内容。

目前，凉山州的各级人民政府除积极弘扬传统民族节庆外，还组织火把节经贸洽谈会、火把节论坛、火把节民族服饰展销会，开展各种名优特新产品交流招商引资等活动，使这一传统节日富有新的时代特征，促进了当地的社会和经济的全面发展。彝族人民群众在传统节日里继续享受着这一丰富多彩、高尚、健康、振奋精神的文化生活，又利用火把节文化吸引着不同年龄、不同职业、不同趣味、不同文化层次、不同教育背景的众多消费群体，火把节独具的服务性和参与性，形成强烈的引力场，吸引众多消费者去参与投入，体现了充分的社会性，这种社会性无疑为文化传承、经贸交易、商务旅游提供了广告宣传和促销的场所，使得火把节文化紧密联系社会物质商品大市场，使火把节文化得以与经济"联姻"、"握手"、"优势互补"，使火把节文化市场的经济功能得到淋漓尽致的发挥。同时，随着时代的变迁、社会的发展，火把节习俗和内容也在不断充实和发展。火把节又在节日当中得以大规模全方位的聚集与发散，并反映彝族社会、经济和文化的面貌。今天的火把节，已引起中外游客的极大兴趣，成为凉山新兴的一大旅游资源。它已与凉山实行对外开放、加强横向联系、促进物资交流紧密联系在一起，为这一传统节日增添了富有时代特征的新意。近年来，火把节在宣传凉山、广交朋友、扩大交流、搞活流通、促进经济发展等方面起到了很好的促进作用。特别是每年在州府西昌举办的"火把节物交会"，更是吸引着众多的中外客商，成交金额逐年增加。

在党的民族政策的光辉照耀下，凉山正以新的姿态大力推进改革开放的今天，火把节赋予了更新的群众性、娱乐性、多样性的内容。人们不仅继承和发扬光大其优秀传统文化的部分，而且融进了时代的气息，构成新的景象。例如，节日期间，国外游客、省内外游客大量涌入，做买卖的人大量涌入，外来者远远超过本地人，火把节成为吸引各方人士前来观光旅游和贸易洽谈的平台。人们在火把节活动中既充分展示自我，又彼此互为欣赏，使得火把节以其独特的凝聚力和亲和力在彝人的生活世界中成为理想的文化表达方式和人际沟通模式。

凉山州人民政府形成了每四年举行一届国际彝族火把节的机制，每届平均投入办节费1000万元人民币。普格县已经累计投入1200万元人民币修建了火把广场，布拖县先后投入 600 万元人民币修建了火把广场，西昌市从 1997 年以来每年平均投入办节费 350 万元人民币。

二 火把节的影响

彝族人民，甚至是彝语支的民族，一般均将火把节作为一个非常重要的节日来庆祝，而其内涵则是彝族古往今来各个历史时期文明的积淀，也是彝族几千年来文化艺术结成的一颗璀璨夺目的明珠，更是彝民族以火文化为核心的民族之光的折射与反映。

明代正德年间，四川状元杨慎（号升庵）被贬官到云南永昌，途经西昌，住在泸山寺庙里，时值彝族过火把节。看见彝族火把节之夜后，他写下了千古传颂的火把节之诗句，现刻于泸山一店，诗句这样写道："老夫今夜宿泸山，惊破天门夜未关。谁把天空敲粉碎，满天星斗落人间。"诗句虽然只有短短四句，但是作者是明代四川唯一的状元，是《三国演义》开篇词《滚滚长江东逝水》的作者，是明代三大才子之首，因而其影响深远。从诗句中我们也可以读出一些信息：一是火把节的盛况，作者住在泸山寺庙中，放眼望去，彝家村落到处是过节的火把，犹如满天星斗落人间。二是当时西昌的人口结构以彝族为主体。历史上有三次汉族人口大规模迁入凉山和安宁河流域，即吴三桂以西南作为阵地想策反清朝大量迁入汉族，清朝的"湖广填四川"汉族人口大量迁入，毛泽东时期的三线建设以及支边政策的实施。在这之前，凉山的人口彝族占绝对多数，特别是明代中期杨慎贬官云南时期，西昌汉族人口很少；住在泸山，放眼望去，能够看得见的是现在的西昌城区、川兴镇、高枧乡、小庙乡以及背面的昭觉红星乡、喜德东河乡、西河乡、西昌四合乡，这些地方有大量的彝族居住，火把节之夜才会有很多的火把。三是火把节历史的久远，明朝中期杨慎贬官经过西昌到现在已经五百多年，诗句中可以看出那时的火把节已经有相当的规模，火把节当时的影响力可见一斑。

随着民族文化交流的日益深入，火把节从彝族节日成为多民族共享的地域性节日，不论彝族、彝语支民族还是居住在这里的其他民族，包括汉族；不论贫穷富有，不论高贵低贱，都加入了火把节各项节庆活动中，共同尽情享受火把节带来的欢乐和幸福。火把节不仅是民族的，更是祖国西南这一区域性的节日。火把节不仅是彝族文化认同的符号，更成为地域认同的符号。长期以来，作为维护彝族文化边界的传统符号，它通过自身开放而激昂的节日展现方式和强有力的吸纳力，在当代文化多元、和谐发展的语境下，消弭着狭隘的单一民族认同。火把节，悄然地将不同民族容纳进来，有利于和谐地域文化的养成，最终促进和谐社会的构建。

今天的凉山彝族国际火把节，更从"文艺搭台、经济唱戏"这一角度赋予其新的内容，来自海内外的嘉宾朋友乘此良机不仅可以充分品尝这一古老而又新奇的文明之果的甘甜滋味，而且也是促进各民族各国家人民之间的文化、经济交流和团结与友谊的盛会。

凉山彝族自治州党委、政府十分重视火把节的举办，长期以来凉山州每年都要举行火把节庆祝活动，前后举办了六届中国凉山彝族国际火把节，火把节参与人数不断增多，规模越来越大，形成了独具特色的凉山第一风情节。为了进一步办好火把节，凉山州党委、政府决定从2013年起更改为每四年举办一次国际火把节，组织进行火把节经贸洽谈会、火把节论坛、火把节民族服饰展销会及各种名优特新产品交流等活动，使这一传统节日富有新的时代特征，促进社会和经济的全面发展。

第二章 甲搓舞

第一节 甲搓舞概述

甲搓舞是流传于摩梭人地区的古老而独特的摩梭人民间舞蹈。甲搓舞，即摩梭语"甲搓迪"，意为美好时辰的舞蹈。

摩梭人是一个古老而神秘的族体，勤劳而智慧，自称属"纳"的纳族群支系。其族源族称，至今是个未解之谜，其族籍一直是扑朔迷离。根据摩梭古老的达巴经典和汉文古籍载，古代的摩梭人从大西北甘青一带的黄河、赐支河、河湟流域迁徙到大西南的金沙江、大渡河、雅砻江流域，是五帝时期的古羌人牦牛羌分支或白狼分支（白狼，摩梭语"黑牦牛"）；而在先秦至两汉时期，则其被称为"笮人"或"笮夷"。古时迁徙居住在上述江河流域的摩梭先民以制作藤桥、索桥而著称，摩梭人称桥为"笮"，桥头为"笮都"，故汉族史官以"笮"名其人名其地，即笮人笮地，古时的盐源为摩梭先民笮人聚居地，被称为"定笮"，这在史料中有明确记载。汉末时笮人被改称为"么些"并有"摩些"、"末西"、"摩挲"、"摩梭"等多种同音异写，并沿袭至今。"摩梭"、"么些"等诸称为以"纳"自称的族群"不懂"或"不知道"的音译，盖因摩梭人不习汉语，当古代史官问及族属时，便以"么些"（不懂或不知道）作答。而问者也不识民族语，误以为"摩梭"、"摩些"为族称，于是以讹传讹，延至现代，摩梭人就一直被称为"不懂"、"不知道"。当然也有学者认为"摩梭"、"么些"等为摩梭语"放牦牛人"的转音。泸沽湖地区是摩梭人聚居区，当地摩梭因盛行"走婚"和"母系氏族大家庭"，其全球罕有的社会形态和文化形态，为世人所瞩目，被誉为"人类最后的母系氏族领地"

和"东方女儿国"。

摩梭人能歌善舞，史籍云"摩挲，俗好饮酒，善歌舞，歌舞达旦"，摩梭俗语也说："只要会说话就会唱歌，只要能走路就能跳舞。"摩梭人在长期的生产生活过程中创造了丰富多彩的歌舞艺术，摩梭人号称有72种曲调、72种舞蹈，独具特色的摩梭人歌舞艺术是摩梭艺术的重要组成部分和典型代表，是人类文化艺术的宝贵遗产。2008年6月，摩梭"甲搓舞"被列入第二批国家级非物质文化遗产名录。

一　甲搓舞的起源

甲搓舞从起源、形成到发展经历了漫长的历史时期，与摩梭的宗教、生产生活、战争、习俗等有着很深的历史渊源，积淀着丰厚的摩梭历史文化。达巴经典的记载、舞蹈内容所反映的原始信息，以及泸沽湖周围山洞石岩上的原始舞蹈壁画等表明，甲搓舞的起源可追溯到史前的石器时代，并且是多元性的。

（一）起源于摩梭原始宗教达巴教的多神崇拜、祈祝神灵

甲搓舞中的舞蹈内容和歌词大都有反映多神崇拜、祈祝神灵的内容。比如，《格姆搓》源于摩梭人对自然、神灵的崇拜，最初是达巴祭师以美丽动听的歌词、悦耳的歌声、欢快的祭式舞献给格姆女神，媚悦女神，以此祈求神灵保佑族人安康、庄稼丰收、六畜兴旺，后来成为甲搓舞的一个重要内容。

（二）起源于狩猎、游牧和农耕文明

早期的摩梭人在经历了狩猎、游牧迁徙后进入半牧半农和农耕文明。不同时期的生产生活为甲搓舞的起源形成和创作提供了源泉，并随着社会的进程不断丰富和发展了甲搓舞及其内涵。甲搓舞以浓缩、艺术的形式再现了摩梭人在不同时期的生产生活和甲搓舞的早期形态，如甲搓舞中的"三脚不落地"，反映他们狩猎时猎物奔跑的动作；而纺麻舞、织麻舞、洗麻舞以及舞中相关动作都反映了古时摩梭人"麻布为衣、蔓菁为食"的生活。

（三）起源于庆祝战争胜利、丰收时的狂欢

每当战争胜利或庄稼丰收时，摩梭人都要聚在一起，以唱歌跳舞狂欢来表

示庆贺。而唱的歌、跳的舞往往又是利用战争中的某个故事或丰收时的某个情景即兴发挥，因而在甲搓舞中就有了战争或丰收时劳作的内容。比如，甲搓舞中的《哦槽甲麻姆》（菜还没煮熟），源于摩梭兵在战争中，还来不及吃饭，菜还没有煮熟便遭到敌人进攻的一个故事场景；而战争舞《阿什撒尔搓》则反映一个摩梭部落名叫阿几朵洛咪的女首领在带领队伍打仗时被敌人围困了几天几夜，直到有一天晚上，她叫一部分士兵烧起熊熊篝火围着篝火狂跳，吸引敌人的注意力，当敌军远远看着摩梭兵吼叫着狂跳的时候，阿几朵洛咪却带着另一支精干的队伍杀了过去，敌阵营一下就乱了套，敌军纷纷逃窜，战争取得了胜利，后人就把这个故事编进了甲搓歌舞里面。《打麦舞》则反映人们在丰收时，男女围着麦草边用连枷打麦边唱歌的情景。模拟打麦的动作也成了甲搓舞的内容之一。

（四）起源于远古男女求偶

远古的摩梭人在群体娱乐时用手脚等肢体动作和眼神将信息传给对方，以求结合。舞中的"克咱杂"便是找对象舞，以及跳舞时手挽手的男女通过捏手、挠手板心，同时用眼神传递爱的信息都反映了这方面的情形。

二 甲搓舞的分布区域

凡有摩梭人包括自称为"纳"的纳人族群的地方就有甲搓舞。甲搓舞分布于四川盐源、木里、冕宁、盐边等地和云南宁蒗、永胜、丽江、维西等多个县份。而川滇交界的泸沽湖及其周围地区，包括湖畔四川方泸沽湖镇的木垮、多舍、博树、舍垮等17个母系氏族部落和周围前所、屋角、长柏、盖租等乡的摩梭母系自然村落，以及泸沽湖云南方的永宁、拉伯等数十个摩梭母系村落保留的甲搓舞则更集中、更完整、更有代表性。

三 甲搓舞及其传承人的存续状况

摩梭甲搓舞在"文革"之前是当地人群喜闻乐见的群体性舞蹈，且十分盛行，人们在节庆祭仪典礼、红白喜事或自娱自乐时都要举行甲搓舞。因而甲搓舞一直以来是摩梭群众文化生活中不可或缺的精神食粮，且人人都会传统的甲搓歌舞，同时每个村都有能吹笛吹笙的领舞者。但"文革"以后，随着社会的变革和外来文化的不断冲击，甲搓舞已处于濒危状态。原因有以下几方面。

（一）甲搓舞原生态资源十分脆弱，不少内容消失

甲搓舞作为一种原始舞蹈，其传承方式原始，仅凭口、耳、肢体动作延续下来，从无文字、绘图等流传方式，易于失传。摩梭民间一直流传有72种舞曲和72种舞蹈，但因古时的摩梭人不断的迁徙和发生的战乱，以及社会的动荡不定和变革，至今仅存的不过十几种，损失程度相当严重，而许多熟悉甲搓舞的老人早已作古，有的已经到了耄耋之年，给收集、发掘工作带来相当困难。

（二）"文化大革命"极"左"政策及意识形态的压制和扼杀

"文化大革命"期间，只许唱革命歌曲和"样板戏"，当地喜闻乐见的摩梭甲搓歌舞受到空前的压制和扼杀，不少古老的甲搓舞自此失传。

（三）外来文化不断冲击，异化日趋严重

市场经济的发展和旅游开发，对摩梭母系文化及其原始歌舞艺术造成巨大冲击。如今当地卡拉OK厅林立，流行音乐、流行舞、电视节目等不断占领着当地的舞台，充斥着当地社会，并代替了古老的摩梭甲搓舞及其民歌和情歌对唱，甲搓歌舞的形式和特色渐渐异化，舞台渐渐萎缩，甲搓舞仅仅成了一种简单的商业性演出节目。甲搓歌舞文化空间受到严重的威胁和冲击，已经处于消亡的状态。

（四）受经济利益影响，传承人日益减少

伴随着年长的民间艺人逐步逝去，年富力强的中青年人又外出务工，致使目前能够吹笛、吹笙、领舞者和完整表现甲搓舞原貌的传承人大大减少，有的村子甚至成了空白，从而给甲搓舞的传承带来了极大的挑战。

甲搓舞国家级代表性传承人——喇翁基，男，摩梭人，1959年生，盐源县泸沽湖镇多舍村人。系甲搓舞第十代传人。2008年为省级"非遗"甲搓舞传承人，2013年列为国家级传承人。

图 2-1 甲搓舞国家级代表性传承人喇翁基

第二节 甲搓舞的表现形式及基本内容

一 甲搓舞的表现形式

甲搓舞是摩梭人大型的综合音乐歌舞,是摩梭人审美的、感情的最完美、最有效的表现。甲搓舞内容丰富多样,其表现形式随不同的舞蹈内容而不断地变换。不同的内容有不同的表现形式,可概况为轻歌曼舞型、欢快型、热情奔放的粗犷型和狂欢型等,具体形式将纳入基本内容一并介绍。

(一)场景表现形式

(1)场地和时间的选择与人数的规模。甲搓舞场地不受任何空间的限制,

图 2-2 在如梦如画的泸沽湖畔跳甲搓舞

在摩梭人村落湖边的沙滩、林间的草坪、村内的广场、家庭院坝、山谷阔地等凡可用于跳舞的地方都是天然的舞场，并根据举办的目的，选择不同的时间和地点，如转山转湖、某些大型庆典、庆祝丰收、庆贺战争胜利等在湖边沙滩、山间平地、村内广场白天举行，但不燃篝火。而更多的则是晚上举行，如庆贺成丁礼、欢送逝者亡灵（通常还要由两个男子男扮女装）、新房升火典礼，以及自娱自乐等。通常在夜晚在家庭院坝或村内广场或湖边举行。舞场中必须燃烧一堆熊熊的篝火。人数规模通常少则上百人，多达数百人乃至上千人。男女老少皆参与。所用乐器比较简便，有笛、笙、箫、唢呐等，有时树叶、麦秆也用来吹奏。

（2）举行仪式，翩翩起舞。在正式跳舞前，通常由主持者献上祝福语，然后给吹笛吹笙的领舞者递上酒碗和一块四方绸布，并将绸布系在笛尾或笙上，然后领舞者排头，吹奏笛或笙伴舞，身着盛装的人们围着篝火，面向火堆，左右两手与左右两边的人紧挽手臂，五指交叉，随逆时针方向翩翩起舞。人们且歌且舞，舞随舞曲的旋律节奏花样多变，时而舞步轻盈，时而节奏明快，或刚健粗犷，或热烈欢快，身着盛装的姑娘小伙组成一个不断滚动的长龙，不时发出"阿喏、阿喏、喏——"震耳欲聋的吼声。女人头上的达达线和彩珠、金边上衣和胸前的银链、鲜艳的百褶裙，随着轻盈的舞而飘旋，显得

图 2-3 舞前祈福

格外耀眼，展现出青春的活力和独特的风采。

（二）舞蹈的表现形式

从甲搓舞的节奏、动作、姿态等情感的表达方式来划分，可以把甲搓舞大体分为以下几种表现形式。

（1）欢快型：表现为节奏明快、欢乐。如《格姆搓》《了搓尤》《纺麻舞》和《洗麻舞》等都是以欢快的形式表现出来的。

图 2-4 欢快的《格姆搓》

（2）轻歌曼舞舒缓型：伴着悠扬笛声而缓缓起舞。如开场曲的《邀舞》、反映走婚恋爱的《勾手舞》和《传情舞》等。

（3）热情奔放粗犷型：代表性舞蹈有表现丰收的《打麦舞》、体现战争的《哦槽甲麻姆》等。

（4）狂欢型：如反映战争胜利的《阿什撒尔搓》和喜获猎物的《三脚不落地舞》等。

（5）模仿型：如《打麦舞》以夸张的形式表现打麦的动作，《三脚不落地舞》则模仿猎物奔跑的动作，十分逼真。

（6）连续不断型：整个甲搓舞从开场到结束是一曲接一曲，不间断地完成各曲舞蹈内容，跳完为止，持续达两小时左右。

二 甲搓舞的基本内容及其具体动作

甲搓舞作为摩梭人古老而综合性的传统舞蹈，内容非常丰富，内涵十分深厚。尤其在古代，甲搓舞在摩梭人社会中的地位之重要，舞蹈之发达，已形成了传说中的72种舞曲和舞蹈，尽管其中的许多内容历尽数千年的沧桑和社会变革，已经湮没在历史长河中，但仍然有相当多的内容以其顽强的生命力保留了下来，成为今天我们弥足珍贵的古代舞蹈艺术遗存。

图2-5 丰收时节摩梭青年男女情不自禁地跳起了甲搓舞

现存的甲搓舞包含很多种不同曲调、不同内容和形式多样的舞步。主要有《搓德》（开场曲、大跳）、《甲搓优》或《了搓优》（邀请舞伴、宾客）、《格姆搓》（敬格姆女神舞）、《阿什撒尔搓》（庆贺战争舞）、《哦槽甲麻姆》（也是战争舞）、《三脚不落地舞》，以及反映生产生活的《纺麻舞》《洗麻舞》《打麦舞》和反映男女爱情婚恋的《传情舞》《克咱杂》《勾手舞》等。

甲搓舞一开始都以《搓德》作为大开场，又叫大跳，或迎宾。随着悠扬的笛声，手挽手的男女们以轻盈的舞姿开始跳。其基本的舞步是右脚起步，向右前方走八步后，向后退一步，左脚跟进，左脚再前一步，右脚跟进，右脚再后退，左脚再跟，然后左脚又上前，右脚跟上，以此边跳边前进。

当《搓德》跳到一定时段时，领舞者随之改变为欢快的《甲搓优》音乐。其基本步伐为队伍相互挽手，右脚起步，向右前方走三步后左脚踢出，同时侧身左脚踏一步，右脚又踢出，这样跳到规定时段后才接着跳下一曲。紧接着开始跳《格姆搓》也即格姆女神庆典舞，步伐时而明快，时而粗犷豪放，手牵手的队伍两两相对，面向右前方的人右手由上往下画圆圈。同时右脚起步，向前走三步后，左脚踢出，然后先左脚后右脚向前走两步后，左脚踢出，面向左前方的人左手画圈，左脚起步。

跳《纺麻舞》时，随着音乐的节奏，队伍两两相对，一人出左手、另一人出右手，食指相勾。面向左前方的人左脚起步，向前走三步后，右脚踢出，然后右脚原地踏两步后再踢出；面向右前方者相反，整个舞步宛如优美的纺麻动作。

《洗麻舞》的表现形式是双手举起又放在腰间，同时右脚踏一步，左脚跟上，右脚退一步，左脚跟着退，这样反复如洗麻动作。

《打麦舞》则以甩手、弯腰、单脚跳的形式表现男女甩连枷打麦的动作，模拟动作很夸张而形象生动。

《传情舞》的基本步伐是左手叉腰，右手搭前一人右肩，右脚向前起步，左脚跟进，然后后脚原地踏两步。

在跳《克咱杂》舞时，其步伐为双手叉腰，左脚起步，右脚跟进一步，左脚再向前踢出。反复以上动作三遍后，扭转身又扭回来，脚下是左脚起步的五步，最后一步右脚踢出，然后又重复先前的动作两遍。

《阿什撒尔搓》和《哦槽甲麻姆》都是反映战争胜利，击溃敌人后的狂欢，多以热烈狂欢、粗犷豪放的形式展现。其基本的舞步按相应的音乐有三种形式：第一种是队伍相互挽手，右脚起步，向右前方前行三步后左脚踢出，然后左脚起步向左前方走三步后右脚踢出；第二种是队伍两相对，两手相牵，跳时，牵着的手在面前对脚就举起，在身后对脚就放下。脚步（以侧向左面的人为例）为：右脚起步，向右前方走两步后，右脚向左前方勾起，然后右脚落地退一步，左脚又向左后方勾起，勾起的脚就是与旁边的人相对；第三种与第二种相似，只是勾脚时勾两下。

以上仅是现行甲搓舞中几种舞蹈基本步调的粗略介绍。其实际舞蹈动作、内容、形式远远不止这些，还需要作进一步的发掘整理和文字、图画形式上的表现。

甲搓舞中，几支基本的曲谱和几种基本的舞步（选录）如下图2–6和2–7。

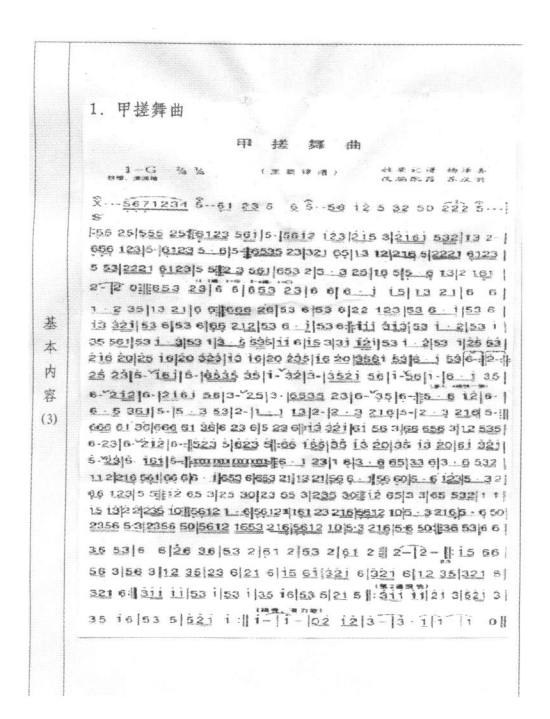

图2–6　甲搓舞曲示例　　　　　图2–7　甲搓舞基本舞步

第三节　甲搓舞的艺术特征

一　民族性

甲搓舞是摩梭人长期生产生活中创造的综合性的大型民族民间传统舞蹈，并以民歌、情歌相伴，无论是内容、表现形式、多姿多彩的舞蹈形态和舞蹈风格，还是着装和乐器等，一方面始终保留了歌舞的原初状态，另一方面充分表现了摩梭人的审美心理、审美情趣和审美感情，整个甲搓舞都充分展示了鲜明的摩梭舞蹈特色。从其保留的原始舞蹈特征中我们可以感受和领略到浓厚的摩梭艺术气息与摩梭先民的生产生活气息。

图2-8　摩梭人女性围着篝火跳甲搓舞

二　协调性

甲搓舞往往是同一个部落的人或几个部落的人合在一处同舞，舞者人数少则近百人，多则上千人，都为群众舞。但无论多少，同舞者像一个有机体，全体人员合为一体，其感觉与动作在同一时间和同样的规则下，随着舞曲、歌声，舞曲与舞步节奏高度协调一致，高度统一变换，一曲接着一曲地将整个舞蹈完美地表现出来，产生整体持续协调统一的效果。

图 2-9　姑娘们欢快的跳着甲搓舞

三　多样性

甲搓舞内容既有反映古代摩梭先民的宗教信仰、狩猎、游牧、农耕等生产生活，也有反映战争、爱情、走婚习俗的内容，丰富多彩、内涵深厚，在舞蹈的表现形态和动作、节奏伴随的舞曲歌曲等方面变换多样，或悠扬曼舞，或热情奔放，或粗犷豪放，以不同的舞姿表达不同的情感，给人以多种多样的审美感受，让观者如痴如醉。

图 2-10 如远古飘来的舞蹈

四 兼容性、综合性和完整性

甲搓舞既有舞,又有民歌、情歌、音乐。集歌、舞、乐为一体,相融而成,并有完整规范的舞蹈、舞曲、旋律、节奏等相应结构,将不同形态、不同风格、不同内容和不同的表现形式完整地统一在一起,形成不可分割的舞蹈整体。

图 2-11 艳丽的长裙在旋转,叮当的银饰在晃动

五　民众性

甲搓舞是一种群众广泛参与的群体性舞蹈，也是摩梭人生活的重要组成部分。每当节日祭仪庆典，同一村落或不同村落的人都自娱自乐，一起跳，一起唱，无论在湖边沙滩、山谷平地、林间草坪，还是在村落广场、家庭院坝都有甲搓歌舞，致使甲搓舞与摩梭人生产生活、民间礼仪息息相关，与摩梭人生死相依。

图 2-12　入夜的篝火舞动人心

第四节　甲搓舞的价值与功能

一　甲搓舞的价值

（一）人类学、民族学、民俗学价值

摩梭甲搓舞艺术以农牧经济为基础，来源于他们的社会生活，是用独特的形式反映摩梭先民生活习俗和精神风貌的"百科全书"，是这一文化类型的典型代表，也是摩梭人现存文化传统的重要组成部分。甲搓舞从萌生、发展和最终形成经历了漫长的历史过程，与摩梭人的民族史、文化史息息相关，它全面完整、生动地体现这一民族地区的文化传统。甲搓舞见证了摩梭人从远古至今的历史，是人类原始舞蹈艺术的活化石，具有极高的研究价值。甲搓舞所保留的浓厚的原始文化艺术特色为我们研究民族舞蹈艺术的起源、产生和发展提供了极其宝贵的史料和鲜活的实例。甲搓舞所反映的摩梭先民的生产生活、狩猎、原始宗教、走婚和母系氏族文化等丰富的内容与深厚的文化艺术底蕴及多姿多彩的艺术表达，为我们从另一个侧面探索了解摩梭文化，研究人类社会发展史、人类文化学、历史学、考古学、民族学、民俗学等提供了珍贵而难得的史实。

（二）不可替代的文化艺术价值

来自远古的摩梭氏族部落的原始视听歌舞艺术甲搓舞，集摩梭歌、舞、乐之大成，与摩梭人社会生活、民间歌舞、服饰、达巴教万物有灵的自然崇拜仪式与战争等有着千丝万缕的联系，它还包含了大量民歌、民谣、诗歌等口头文学精华，是摩梭人艺术最高水平的体现。甲搓歌舞充分展现了摩梭人独特的歌舞艺术和摩梭先民独具智慧的创造力。舞蹈和相应的歌词里面还包含了许多故事传说、逸闻典故，因而有着丰富独特的文化内涵和远古的文明信息。因此，它是中华民族文化宝库里面的一朵异彩纷呈、独具魅力的舞蹈艺术奇葩，有其杰出的艺术价值和极高的审美价值。

图2-13 家园里、经幡下摩梭儿女尽情跳

（三）保存和开发利用价值

摩梭人的原始甲搓舞同全球绝无仅有的摩梭人的走婚及其母系大家庭等原始风情一样是珍、稀、奇、特的旅游资源瑰宝。它的观赏性、娱乐性、趣味性和参与性，让每年前来泸沽湖旅游的数十万游客流连忘返。因此，摩梭甲搓舞对于弘扬民族优秀文化、发展文化产业、开发旅游资源具有很高的价值。

二　甲搓舞的功能

（一）民族认同的纽带功能

只要有摩梭人的地方就有甲搓舞。摩梭甲搓舞中体现了摩梭人的民族精神，反映了摩梭人崇尚自然、感恩自然，与自然万物和谐共存的理念和对美好生活的向往，体现了摩梭人的凝聚力，同时成为教育培养族群及其后代的主要手段。甲搓舞对于不同地域的摩梭民族文化认同、维护团结有着不可替代的重要意义，也是了解摩梭人审美心理的重要依据，是维系民族精神的纽带。

图 2-14　歌舞记忆传承

（二）自娱自乐，丰富群众文化生活

千百年来，摩梭原始甲搓舞深深扎根于当地社会和周围地区，在弘扬民族文化、丰富群众文化生活方面产生了积极的作用和深远的影响。

在岁时礼仪和节庆聚会上，或在休闲时的自娱自乐过程中，人们都要举行甲搓舞。富有魅力的甲搓舞动态艺术形象及其功能在让舞者、观者感受不同快感的同时，更使人赏心悦目、陶冶情操、美化心灵、抒发情怀、交流感情、增进友情、宣传浸染教化、团结鼓励，在促进人民的身心健康和社会风尚的完善、促进社会和谐稳定等方面发挥着积极的作用。

（三）促进文化交流和民族团结，增进友谊

20世纪70年代末，盐源县组织了庞大的泸沽湖摩梭甲搓舞队伍，走出女儿国，走向国际舞台，来到香港地区演出，一时轰动香港，受到香港市民和各界的青睐和好评。香港的舞蹈艺术家们还对甲搓舞的内容、表现形式、每项内容的节奏、舞步以及舞曲等展开了录音、录像、谱曲、绘图，并进行了深入细致的研究探讨和学习交流。

80年代末，哥伦比亚驻华大使一行来泸沽湖观光，摩梭人举办甲搓舞欢迎外国使节，受到该大使及其随行人员的高度赞赏和评价。

泸沽湖旅游开发后，甲搓舞作为重要的泸沽湖旅游文化产品深受国内外广大游客的欢迎。每当举行甲搓舞会时，受到感染的广大游客都情不自禁地参与进来感受甲搓舞的快乐和艺术魅力。甲搓舞强烈的感染力、吸引力和震撼力，瞬间让不同国度、不同地域、不同种族、不同民族、不同肤色和不同语言的人们零距离地手挽手地围着篝火欢乐地一起跳、一起唱，在共享甲搓舞美好的舞蹈艺术的同时，进行心与灵的交融，并在同欢共乐过程中加深交流，增进友谊。

第三章　彝族口弦音乐

第一节　口弦音乐概述

　　口弦是历史极其远古、源远流长、流传广泛并有代表性的彝族传统民间乐器。千百年来，彝族祖辈们把喜爱、美感和智慧倾注于口弦，将这件单一的原始乐器，发展为复式的多片组合，能完整地演奏五声音阶，创造出独具民族特色的彝族口弦音乐，为我国民族音乐宝库贡献了一笔丰厚而优秀的文化遗产。

　　口弦产生于新石器时代，在我国古文献中早有记载。《世本》载："女娲作簧。"《诗经》道："巧言鼓簧，颜之厚矣。"《穆天子传》载："吹笙鼓簧，中心翔翔。"（"簧"即"口簧"、"口弦"。）宋代陈旸《乐书》中说："传称王遥有五舌竹簧，今民间有铁叶之簧。"可见簧产生于上古早有传说记载。口弦在我国南方和北方许多少数民族中，自古以来都有流传。彝族流传口弦的历史更是可以上溯至上古时代，虽然确切的历史年代已无可考，极其难得的是凉山彝文古籍《古侯》中记载："jjuphlup ietvur li tatnyie, hophot lotpuop li tatzyr."意思是"竖笛莫夹在腰间，口弦莫搭在手上"。口弦出现在这部记叙彝族远古时代部落迁徙史的古籍中，说明口弦在彝族中早就有久远的历史渊源。另外，据外国音乐词典记述，口弦最先产生在亚洲，其后传入欧洲及世界其他地方，直到19世纪才有现代口琴出现，其滥觞就源自口弦。这其间自然有着中华民族祖先的历史贡献。

　　口弦深受彝族人民喜爱，它小巧玲珑，便于随身携带，只要闲暇，任何时候，任何场合都可演奏。不论男女老少，皆喜善弹，能手众多。个人休闲解闷，抒发心忧思情，或三五人一起，互相共娱交流，或情侣倾吐心声，都是最

图 3-1　老艺人传授口弦演奏技艺

好的爱物。口弦音色优美，富于变化。音量虽小但娓娓动听。口弦音乐的曲调极其丰富，表达感情细腻真切，易引人共鸣。口弦还有表达语意的功能和作用，是常被用作情人、密友之间传递信息，以及心意和感情的"媒介"。

口弦音乐的传承没有明确固定的师承关系，完全是在广泛流传的社会生活中，凭借耳闻目染，口传心授，心感手操，无师自通。因而，它有着深厚的群众基础。遗憾的是随着时代的变迁，社会生活发生了巨大的变化，尤其近几十年来的改革开放浪潮带来的外来文化的冲击，使口弦的流传与传承受到从未有过的影响和阻滞。人们忙于发展经济奔小康致富，再加之流行时尚文化与流行音乐的泛滥，极大地破坏了传统音乐及口弦音乐所根植的生态环境。老一代乐手渐失，新一代人罕有承继，口弦也和其他许多少数民族传统乐器一样，逐渐濒临消亡的境地。

近年来，国家对保护非物质文化遗产高度重视，凉山彝族自治州在党和政府的积极主导下，动员社会力量，贯彻中央的一系列保护政策，实施了有成效的措施。凉山州文化局成立了保护非物质文化遗产的专门机构，积极抓紧向上申报各类非物质文化遗产项目,从人力、物力、财力上给予支持。2006年10月,凉山州文化局授予俄的日合"民间艺术(口弦演奏)传承人"称号,鼓励和培养口弦乐手,为他(她)们在新闻媒体、广播影视、演出场合中创造展示技艺的机会。彝族"口弦音乐"2008年6月被列入第二批国家级非物质文化遗产名录。这些都为保护优秀的非物质文化遗产的生存空间和发展的文化环境提供了保障,从而使彝族口弦音乐的传统得以保护和继承,并开拓新的传承和发展空间。

第二节 口弦的分类与制作

一 口弦的分类

口弦在我国南方和北方的众多少数民族中,流传的历史也很久远。各民族对口弦的称谓因语言而异,有数十种之多,这里不再列举。彝族称口弦为"合喝"、"勒果"、"隆必"、"冲"。汉语名称在我国南北各地异同并存,纷繁芜杂,有口弦、口琴、口簧、口弓、响篾、篾片、口衔子、口胡、拉篾、竹

图 3-2 两片竹口弦

弦、悲琴等。这些名称多是以口弦的材质、形状、演奏方式、心理习俗来命名。口弦的材质分为竹质、金属（主要是铁、铜和合金）两种。东汉刘熙《释名·释乐器》说："簧……以竹铁作，于口横鼓之。"按材质和形状分，竹质的有凸头形、网针（剑）形、锥形、平头形；金属的有钳形、环形、叶形、梨形等。按照簧片数量分，有单片、两片、三片、四片乃至五片组合为一件的。口弦的原始形制都为单片（一簧），其演奏发音方式有以手指拉扯线索、手指拨弹簧舌顶部两种。

图 3-3 三片竹口弦

凉山彝族口弦的品种，近代以来流传的种类有竹质口弦、铜质口弦两种。以两片、三片组合为一件的最普遍，其次为四片，少有五片组合的。"合喝"是凉山彝族对口弦的通称。竹口弦称"玛合喝"、"玛嘎"、"玛必"（"玛"即竹）；铜口弦称"土丝合喝"、"土丝玛必"（"土丝"即铜）。在凉山现今仍有称口弦为"勒果"（"隆必"的近音）的，是凉山东南部操彝语"所地"土语的地区，其中以布拖、普格一带为中心地域。"勒果"、"隆必"意为"手拉奏的弦、拉弦"，即原始的竹质单片口弦，簧片顶端钻孔系有绳线，以手指牵动拉线发音。这种口弦在凉山彝族中，早已为两片、三片的复合式组合的口弦取代，即使在"所地"地区也已消失，但仍保留这一古老称谓。表明凉山彝族口弦也经历由原始单一的形制，发展到多片组合，成为一件成熟的真正意义上的乐器品种。

图 3-4　四片铜口弦

二　口弦的制作

我国西南少数民族中竹质口弦，在清代檀萃《滇海虞衡志》中有较详细的记述："口琴，剖竹成篾，取近青，长三寸三分，宽五分，厚一分，中开如笙之管中簧，约两分。簧之前笋相错处，状三尖大牙，刮尖极薄，近尖处厚如纸，约后三分渐凹薄，至离相处三四分，复厚。"此书中所载的内容，与凉山彝族自制的竹口弦基本相符合。凉山常见的竹口弦形状为网针（剑）形，长15—20厘米，宽1厘米，厚0.5厘米左右。

图 3-5 制作竹口弦

凉山流行的彝族金属口弦,通常都是铜质,长 6 厘米左右,头部最宽处 1 厘米多,较薄,从头部以下两边向里卷叠,向下至尾部逐渐收窄,末端钻小孔,形状极像一片树叶。

图 3-6 口弦传承人制作铜口弦

无论铜质或竹质的口弦,每件都由两片或三片(包括四片、五片的)用线绳将尾部穿孔串联组合成一件。组合的音程关系为:两片的为大二度的"宫、商"二音,三片的是在两片的基础上增加一个小三度音(一般为"羽"音构成"羽、宫、商"的音列)。四片的则在三片基础上增一片"徵"音,构成"徵、羽、宫、商"四音列,五片的则再增加一片"角"音,构成一个完整的五声音列(少见)。

图 3-7 竹口弦制作工具

在凉山,口弦的制作无专门作坊,也无专职工匠,都是口弦喜爱者和演奏能手的业余之作,其工艺流程也无严格规定。一般有这样的程序:精心选材,打造成型(竹质的用刀削,铜质的要捶打成片后再成型);之后,细心刻出簧舌(这是很关键的一步,簧的长短、厚薄对音质很有影响);最后是试音、调音、审听和确定音高与音质(刮削簧舌部位,重点在尖部);待达到听觉满意后,才将两片或三片串联成件。整个过程全凭经验,制作人一般都有良好的乐感和审美情趣,本人也是演奏高手,制出的口弦才为人们所爱,得以流传。

第三节　口弦音乐的表演形式及基本内容

一　口弦音乐的表演形式

凉山彝族口弦的演奏姿势，是将簧片排成扇形，左手执口弦尾部，放在微微张开的嘴唇间，右手拇指头（也有同时用中、食指交替或并用的）拨动弦端。它的特点在于利用口腔的共鸣，嘴唇、口形的变化，加之气息的控制，发出乐音。音乐旋律就在演奏者不断交替拨动的弦片，口腔器官机能的控制与调节中，如歌唱一般婉转奏出。

图3-8　演奏口弦的民间艺人

口弦作为乐器受其性能的局限，音量太小，乐音微弱，只能作为一件独奏的乐器，在没有其他扩音、增音的自然环境里，只能供奏者和两三个人欣赏，偶有三五人围在一起共娱。也正因为它小巧轻便，利于随身携带，除在人多喧嚣的场合不宜演奏之外，在闲暇静处，情侣、朋友间相互倾吐心声时，最能展现口弦的抒情达意的独特功能。

口弦在民族乐器的分类中，该属何类尚无定准，在见到的出版物中，有的列为吹奏乐类，有的列为拨弹乐类。其实，如上所述，它不单是靠弹拨的振动，通过乐器本身的共鸣，由空气传送出声音（如月琴、琵琶、三弦等）；也不是仅靠演奏者的吹奏，将气息送入乐器管内形成的气柱振动送出声音（如笛子、唢呐）；也不像葫芦笙、马布，虽然都有簧舌可列入吹奏乐类。我国通常对民族乐器按"吹、拉、弹、击"进行分类，把口弦列入吹奏乐器或拨弹乐器，只能是在"四大类"中勉为之选。

二 口弦音乐的基本内容

彝族口弦音乐的基本内容主要有口弦音乐的旋律与声部、口弦乐曲的结构形式及特点、口弦音乐的类型、口弦音乐表现的思想内容。这几方面具体分述如下。

（一）口弦音乐的旋律与声部

彝族口弦音乐属于我国民族音乐乐制的五声音阶体系。完整的五声（宫、商、角、徵、羽）音阶，单靠一片簧的口弦是不可能奏出的。根据音响物理学的原理，发音体振动发音时，在它基本音（基音）产生的同时，还有一系列复合音发生，形成基音上方的 2~16 个上方分音的泛音列。上分音（也即泛音）声音微弱，越往上声音更弱。人们听觉最有效的范围是 2~10 或 2~12 的上分音。这些上分音可以通过人为的控制，将其中的分音加以放大，使其凸显出来。口弦的发音也是这个道理。但是，单片口弦奏不出完整的五声，只有两片、三片（包括更多片的）口弦，才能奏出 2~3 个及以上的八度内的"宫商角徵羽"五声，从而灵活而完整地演奏五声音阶的旋律（详见后述）。

彝族口弦音乐的旋律，正如上述原理所形成的独特的声部结构形式，即低音声部（基音）、高音声部（泛音）的双层重叠。记谱示意为：

泛音（高音声部）
基音（低音声部）

在此两个声部结构形式的基础上，上方高音声部的泛音层是主要的（或者说实质性的）旋律声部；在其上，还有更高的和声乃至更高声部的旋律，形成两层、三层乃至更多的和声音响共振、多声旋律的重叠。在凉山州文化局主持下，已出版的《中国民族民间器乐曲集成·凉山彝族自治州资料卷》（以下简称《民器集成·凉山卷》）中，记录有大量的凉山彝族口弦曲乐谱，这些乐曲都是从收集到的原始录音，通过准确记谱后编印的。

（二）口弦乐曲的结构形式及特点

口弦音乐的旋律进行与乐曲结构形式也有自身特点。一般由两部分组成：主体部分与连接部分。主体部分为泛音旋律，是音乐陈述与展开的旋律部分，有时长有时短，连绵不断，一气呵成，其间几乎没有停顿，难以用通常的乐句或乐段分析方式明确表明；连接部分常由两个或三个基音（实为第一或第二分音，两片的为两个音，三片的为三个音），以一定的节奏型（或为均分型或为附点型）交替进行，形成固定的伴奏音型。这个音型往往采用乐曲开始时的"前奏"或"引子"，用在前一主体部分之后，与其后的主体部分紧紧相连，作为"间奏"。这个间奏音型，在音乐结构形式上起着主体部的段落标志的作用，之外，也是演奏者乐思的暂时休歇，像人们说了很长一段话之后，需要稍作停顿歇息，再接着往下说一样。用彝族乐手的话说，就是"奏一番，停一下，再一番"。这个模式几乎是彝族口弦曲的结构定式。

（三）口弦音乐的类型

音乐的分类是十分严谨和科学的。可以从不同角度和研究需要进行归纳分类，彝族口弦音乐的类型分类也是如此。例如，以组合的片数分为两片的、三片的、四片的、五片的口弦音乐，以音乐形态的调式音阶、曲式形式分类，以民间习惯所说的表现内容情绪分为"高兴调"、"悲伤调"、"禽鸣兽叫调"（彝语称"撒居"、"莎举"、"尼布嘿布合"）等。现从口弦音乐与本民族的音乐思维、音乐表达手段，习惯的审美情结与社会功能，即音乐的本质方面进行探索分类，概况为四种类型：拟语型、拟歌型、器乐化型、综合型。

拟语型即以口弦的乐音模拟彝语的高低声调曲折，传达出演奏者心中的语意。这类音乐的曲调仅从音乐形态上观察,表现得简单、直白、平淡,节奏性强于旋律性,音乐性差。但演奏者与彝族群众却能听出其中的话语内容,明白其语言意思(见"艺术特征"节中述)。拟歌型是将一些传统的、众所周知的民歌,演奏者用口弦"像歌唱式的"弹奏(模拟)出来,由于民歌的歌词和曲调的特定性、习惯性(如彝族器乐曲中的《山歌调》《阿依阿芝》《阿惹妞》《知名人士过来玩》等),演奏者、听者的心迹指向都能感悟。器乐化型可以说是脱离前两种类型的实用性、功能性的原始形态,向着音乐艺术化、审美化的发展。它不以拟语的、拟歌的曲调为"蓝本",或者只是取其片段或素材作为起兴,主要凭借演奏者内心情感的驱使,以习惯的音乐思维和演奏手法,派生、发展、即情、编创出新的音乐语汇、语句。这类音乐的音乐性大大强于前两种类型,旋律活泼、流畅、抒情、动听,节奏富于变化,旋律连接与进行随心所欲,高低起伏,抑扬有致。彝族器乐中(如月琴、胡琴、马布、竖笛、口弦)都有各自的器乐化的习惯音调,形成该乐器的器乐音乐的个性化特点。从艺术学角度讲,这种类型是前两种类型在音乐发展上的高级层次。综合型是前三种类型的综合运用,或以其中之一起始,或进行中插入其他类型。通常在实际演奏中,特别是一些长大篇幅的乐曲中(演奏者较长时间不停顿地演奏),往往都不是一种类型、同一曲调、相同节奏重复到底,而是随情编织,张弛有序地多种手法并用。

(四)口弦音乐表现的思想内容

口弦音乐表现的内容,是彝族人民对社会生活的反映,是思想情感的真切表露。现以《民器集成·凉山卷》中口弦曲的部分乐曲名称和其他标有曲名(如部分月琴曲)的乐曲为例。如《悲调》《欢乐调》《想父母流了泪》《想兄弟姐妹》《朋友慢慢走》《姑娘在哪里我在哪里》《放羊调》《从前生活很苦》等。这些曲名并不是采录者或编辑强加上的,而是录音时由演奏者亲口述说的如实记录。从这些极少的曲名中,即可窥见口弦音乐表现的生活内容,还有演奏者所表达的思想和情感,足以表明其深刻的思想性、社会性。

第四节 口弦音乐的艺术特征

口弦是彝族人民最喜爱、流传最广、社会基础深厚、具有代表性的传统乐器，其民族性的多元特征是不言而喻的。彝族口弦音乐的艺术特征是在长期的历史发展中孕育出来的，是由彝族的氏族制（母系的、父系的）社会结构、奴隶制的生产方式和经济生活、自然与地理环境、社会生活方式、风俗习惯、艺术传统，尤其是本民族的心理特质、宇宙观与审美观等诸多因素的交融糅合所形成的。民族艺术的特征和风格，是民族性的社会精神的反映。彝族口弦音乐作为彝族民间艺术的一个音乐品种，有自身的艺术形式和表达方式。综合各种因素观察，彝族口弦音乐的艺术特征主要有鲜明的民族性与音乐的丰富性、特有的"泛音旋律"的审美性、口弦"话语音乐"的人文性与社会性、口弦及其音乐传承与时空选择性。

一　鲜明的民族性与音乐的丰富性

口弦作为乐器并非彝族独有，但是，彝族口弦尤其是彝族口弦音乐，却是生根和生长于大、小凉山的彝族故乡土地，成熟结果于彝族人民心田。从它的内涵特质到表象形式，都表明着彝族的民族性，渗透着彝族的性格和风韵色彩。仅就作为彝族民间音乐艺术探讨，它的民族性主要从艺术方面的社会性民族特征上表现出来。口弦音乐是彝族人民心灵之声的凝聚和表露。艺术特征的民族性表现在音乐的形态和表达的内容两个方面。

在音乐形态方面它完全建立在五声音阶之上，几乎无小二度进行；以古老的羽调式或徵调式为主，或其交替的形式出现；徐缓的、前短后长的附点型节奏为典型；旋法多跳跃进行；等等。构成这些音乐表现的外在形式，无不是彝族音乐中的主要因素。除这些形态要素外，音乐语言最能表现出音乐的民族特征和民族风格。口弦音乐的曲调旋律与彝族民歌息息相关，有的是民歌音调的口弦化；有的是语言的音调化、乐音化。这些手段与元素融合一起，表现出彝族口弦音乐浓郁的民族性特征。

口弦音乐表现的内容的民族性，除上节中从表现的社会生活方面所述之外，从音乐的艺术表现手段、审美习惯及音乐思维方式，也表现出民族个性。一个民族的音乐形态，是受这个民族的音乐思维所制约的。音乐思维又是该民族的传统思维及其历史文化与心理素质作用于音乐的结果。凉山彝族的传统思维具有直观性、形象性、类比性等特征，音乐思维也自然与此一致，表现为在运用旋律手法上的具象性、形象性、类比性的感性阶段，而不是用抽象的理性思维方式去编曲、创作、发展旋律。彝族口弦音乐的演奏者，取材于传统的、习惯的音乐语言、音调曲调，连接旋律的旋法手段以模拟性、沿袭性、派生性、移植性、即情性及其相互联系的音乐思维方式，发展旋律的手法，不依靠固定的乐谱和固定的旋律，而是随心所欲地演奏。也即是我国音乐古籍所说的，"凡音之起，由人心生也"，"乐为心声"。彝族口弦音乐自然体现出民族的风韵和品格个性。

彝族口弦音乐的丰富性不仅表现为已经收集到的，还有已听到的无以计数的乐曲，它实际是民族民间音乐永不枯竭的活的源泉的一粟。它流传在凉山彝族地区的村村寨寨、老幼妇孺之中，凉山有不少"口弦之家"、"口弦之乡"，有数不清的口弦乐手、高手。口弦演奏挥手即来，即情即趣，出口成曲。每个人的演奏甚至每次的演奏，没有重复和完全相同之曲。口弦音乐的丰富性也是民族民间音乐的共性特征。

二 特有的"泛音旋律"的审美性特征

在上文第三节中说明了口弦产生泛音的原理，当施以人为控制，泛音能放大，能清晰显露出来。一个基音发音同时就伴随着泛音的产生，基音与泛音平行保持着八度、五度、大三度、大二度（比基音高 1—3 个八度以上的关系）的重叠进行。泛音的音域极为宽广，给旋律的发展与演奏者极大的想象空间，提供了自由驰骋的天地。"旋律是音乐的灵魂。"口弦的真正奥妙及感人至深的秘密就是它的泛音旋律，它本身的原音（即基音）音调（在乐谱中的低音声部）则是衬托泛音旋律的伴奏。当低音声部悄然淡化、隐退之后，泛音轻盈缥缈而优美的旋律徐徐流动出来，飘浮在低音伴奏音型的背景之上，犹如在星光闪烁的苍穹聆听天籁之音，云雀银铃般的歌声在蓝天旷野里荡漾。当低音声部再次强声出现时，犹如钟鼓齐响。泛音的音色有金属般的明亮多彩，高音区晶莹闪光，中音区明澈悦耳，低音区浑厚圆润。它有时声部单一、音调单纯；有时和音重叠，有多声相向而行的丰满感。泛音时抑时扬，音响时明时浓、时暗时淡。基音的伴奏烘托着多姿的旋律，优美的曲调倾泻着动人的情意。交相鸣响，美妙至极。在其他民间乐器音乐中，是难以获得如此特殊的音响效果的。

凉山彝族口弦音乐从原始的单簧（"勒果"）发展为复式的多片组合，这不仅是乐器发展与创造的飞跃，更展现了彝族人民的音乐思维与审美观，从低级到高级的发展历程。人类远古时代的艺术（尤其原始艺术）具有实用性、功能性特征，呈现音乐与舞蹈、歌唱不能分离的三位一体的"三一致"形态。随着社会的发展，物质文化与精神文化逐渐进步，艺术也逐步由实用与功能为目的的低级阶段，向追求精神文明的审美需求发展。"三一致"中的音乐、诗歌、舞蹈开始各自分离，慢慢地自成独立的艺术门类、体系，标志着艺术脱离了原始阶段，进入了更高层次的成熟期。彝族口弦音乐也经历了这个历史进程，口弦发展成一件真正意义上的独奏乐器，口弦音乐形成了"自成一家"的艺术珍宝。

三 口弦"话语音乐"的人文性与社会性

彝族谚语与乐语中常说"口弦会说话"、"月琴会唱歌"，这绝非虚言。在贵州苗族中也有"芦笙话语音乐"的说法。"话语音乐"在音乐学界已得到共识，在我国历史文献中也有记载。"音乐是人类所使用非语言声音"，是"语言范围之外人类互通讯息的一种声音方式"（音乐学家耐特拉语）。唐代樊绰在《蛮书》中记："南诏子弟暮夜游行阌卷，吹葫芦笙，或树叶，声音之中，皆寄言情，用相呼召。"清代诗人更是把口弦"私语"描述得惟妙惟肖："不须挑逗芳芳心，竹片沿丝巧作琴，远韵低微传齿颊，依稀私语夜未深。"（清《番社采风图考》）在现实生活中，凉山彝族青年男女以口弦传情的说法屡听不鲜。笔者曾经问过一些彝族口弦手，用口弦说话的方法。他（她）们的说法是："像唱歌、说话一样，心想嘴动，只是不出声，让口弦说出来，唱出来。"模拟语言的功能在不少民间乐器（如竖笛、胡琴、月琴，包括口弦等）演奏中确有存在。我国北方的唢呐、鏊胡的"咔戏"音乐也极类似。"话语音乐"的存在已得到普遍认同。从理论上讲，彝语本身有由高到低的四个声调，恰似五声音阶的上、下行音列。对五声中的五个音的选择连接作上、下滑动进行，模拟彝语完全能达到预期效果，几乎能准确表达出语言的声调，传达出其中语意。正因为口弦有这样的特点与功能，人性化的音乐，使得它更加具有人文性。

彝族中流传极广的谚语说：口弦像母亲的声音，竖笛像父亲的声音；想念母亲时弹口弦像听到母亲的声音，想念父亲时吹竖笛就像听到父亲的声音（hophot mop mgucy, jjuphlup pat mgucy）。还有谚语说：爱一个女人带了口弦吗？爱一个男人你带了竖笛吗？（moptat hlitmguo ne sipw? battat jjuphlup ne sipw?）有一首奴隶社会时代的民歌唱道："做不完的牛马活，受不尽的牛马罪，只有歌声诉苦情。"另有："手脚是奴隶主的，身子是奴隶主的，只有歌声是自己的。"通过歌声、琴声表达内心的喜怒哀乐，向往憧憬，是最好的精神寄托、宣泄情感的手段。在彝族群众心目中，口弦及其声音（音乐）是女性的，竖笛是男性的。口弦的音色和音乐语言，有温柔、甜蜜、亲切、细腻、深情、缠绵、幽深的情感秉性。女性弹口弦，是抒发自己的"心头话"；男性弹口弦，是借以表达心中对女性的潜意识的一种追求、思念。口弦犹如"心灵语言的传声器"，口弦话语音乐是连接人们心灵的"声音纽带"。

口弦的人性化思维，还表现在对乐器组合匹配上的称谓和传说中。彝族对月琴的内外两根弦和双片口弦的上、下片分别称"母弦"、"公弦"，三片口弦的第三片称"子弦"（与彝文古籍中有《公史传》《母史传》《子史传》一样）。凉山彝族传说：葫芦笙是老人对意外死去的五个儿子的思念，仿儿子的声音制作出的；月琴是一个孤儿救了邛海边被鹰叼走的青蛙姑娘，仿蛙形造出的，所以又叫"蛙琴"；在我国少数民族中传说，口弦的产生是一个失去双亲的孤女，为诉说悲痛、怀念双亲而做成的，这与彝族的葫芦笙产生的传说相仿。这些称谓、传说都反映出彝族人民古老的人生宇宙观中的"公母"、"阴阳"、"以母为大"、"公母匹配"、"母子"繁衍生息的民族性思维。

彝族口弦音乐的社会性，还可以从口弦曲和其他彝族民间器乐曲的乐曲名称（有的还有演奏者口述的内容说明）中可以看出，无不是演奏者心灵的呼唤、真情的流淌，兴之所趋，由衷吐露。有些乐曲是对自然音响或对自然现象感觉的再现和模拟，如口弦曲中的《月琴调》《山歌调》，月琴曲中的《高山知了叫》《划船调》《猫咪调》，等等，表达的是对歌中唱词的模拟，对自然现象在心中音响化的再现。无论哪种方式，都是人们对身临的社会生活、生存环境的切身感受，通过器乐化的手段实践人的审美行为的外化，是人的本质与社会本质凝结的人性化产物，是口弦之所以成为彝族人民心爱之物、精神生活的伴侣，赢得广泛而深厚的社会基础的情结所在。

四　口弦及其音乐传承与时空选择性

口弦与口弦音乐的传承、发展及其流变，有其内因与外因的因果关系，并受制于一定的时空环境。口弦及其相互依存的口弦音乐、萌发于原始时代，我们推想，那时不可能有刻意的和自觉的制作产物。或许以一片竹、一丝弦（如弓弦），或其他有弹性的一块物件，放在嘴边张口即奏，觉得口腔共振共鸣，有意想不到的音响情趣。经过漫长岁月，后来才出现称"勒果"、"隆必"、响篾、拉篾的口簧、口琴的单片竹质和金属的口弦。凉山彝族古籍《古侯》中所说的"口弦莫捂在手上"的口弦，"爱一个女人你带了口弦吗"中的勒果，就指的是彝族古代放在嘴边用手指拉扯的单片口弦。不知经历了多少代祖辈的智慧积累，也无从考证出确切的年代，才创造出复式的两片、三片的组合，使口弦这件原始简单的乐器有了质的变化，成为一件完整的旋律乐器。口弦音乐也由此脱离了低层次的"五音不全"（不能完整演奏五声音阶）的阶段，创造出现今的口弦音乐艺术。

图3-9　口弦传承人切磋技艺

探索口弦在凉山彝族手中获得发展创造的历史时空，从口弦的先天条件（内因）看，它取材方便，制作简单，在过去时代，无论贵族平民、百姓奴隶，不分贵贱都能获得。它小巧轻便，随身携带、不碍劳作，随取随弹。从外因的时空环境看，凉山经历了漫长的氏族制奴隶社会时期，生产力低下，社会环境和地理环境极其封闭，居住极其分散、个体劳作，精神生活和文化空间沉闷、孤寂。口弦恰是释放孤愁、发泄冤怨、向往美好、渴望幸福，最可依赖的贴身对象，什么话都可对它说，什么苦都可对它诉。适宜的社会时空条件和生存环境使口弦及其音乐充盈着活力，广泛流传在群众之中。

自 20 世纪中后期，尤其进入 21 世纪，口弦及其音乐（也包括整个民族器乐），因为时空条件的巨大变化，以及众所周知的原因（时尚潮流、外来文化、流行音乐等）的冲击，使原先植根的生存土壤、生态环境都大大改变。加之，口弦本身的局限（音量太小、弹奏需要相当技巧、不能在开放的时空环境发挥作用等），传播与传承途径被挤压得越来越窄，后继乏人，濒于失传的边缘。因而，国家保护非物质文化遗产的举措，正是保护优秀文化遗产的生态环境，为其传承发展创造新的时空条件。

第五节 口弦音乐的价值与功能

一 口弦音乐的价值

彝族口弦音乐是彝族先辈们千万年以来精心浇灌培育出来的精神文明成果，其价值极难估量。从社会、人文、艺术层面的表象归纳，主要有三个方面：彝族人民智慧结晶的文化财富、珍贵的原始文明遗产的保护价值、口弦音乐的艺术价值与学术价值。

（一）彝族人民智慧结晶的文化财富

口弦的祖制是原始时代的单片"簧"，直到今天，我国南方、北方的许多民族中仍保留着这种形制，只不过材质丰富了，除竹质外，还以铜、铁、合金等制作。形状多种多样，竹质的有凸头、平头、剑形、锥形；金属的有钳形、环形、剑形、叶形、梨形等。尽管花色品种繁多，但是单片只有一个基音，所产生的泛音也只能是 2—10 分音，多至 12 分音（其中的 7、11 分音与常规音阶不合）。以基音为"宫音"（简谱"1"）为例，只能有 2~3 个八度内的"宫（1）"，"徵（5）"、"角（3）"三个最有效果的音，至多再增加第 9 分音的"商（2）"音。尽管如此，也奏不出五声音阶的五个音级。

彝族人民创造的复式两片口弦组合，即能奏出"宫、商、角、徵、羽（1、2、3、5、6）"五个音级，可纵情地演奏五声音阶音乐。三片口弦的乐音更加丰富，增加了五个音级的数量选择。示例如下（两片口弦的基音、泛音标示）：

[基音] 泛音列

（2） 2 6 $\dot{2}$ $^{\#}\dot{4}$ $\dot{6}$ $\ddot{1}$ $\ddot{2}$ $\ddot{3}$ $^{\#}\ddot{4}$ $\ddot{5}$ $\ddot{6}$

（1） 1 5 $\dot{1}$ $\dot{3}$ $\dot{5}$ （$\dot{7}$） $\ddot{1}$ $\ddot{2}$ $\ddot{3}$ （$^{\#}\ddot{4}$） $\ddot{5}$

分音数 1   2   3   4   5   6   7   8   9   10   11   12

从这个示例可以看出，两片口弦已经能满足演奏五声乐曲的需要，三片口弦更是"锦上添花"，这也是为什么在凉山彝族中口弦最广泛使用的是两片、三片的组合，而不是片数越多越好（如四片、五片的），因为两片、三片的演奏起来灵活方便，片数越多越累赘，人们总是择优择便而取之。

由单片口弦到两片、三片的组合，绝不是简单的数量增加，而是由低级到高级、从原始到成熟的质的跨越，即是原来只能奏出三音列或四音列的曲调，至此便能在我国五声音阶的音乐体系里自由驰骋。

彝族人民的音乐智慧，不单表现在复式的多片组合，更为人叹服的是这个组合，将两种有区别的音乐律制巧妙地融合。音乐中的乐音不是任意的音响结合，是有其律学规律的。世界上通行的是三种律制：纯律、五度相生律、十二平均律。我国民族传统音乐使用的是前两种律制。单片口弦的泛音列是纯律，它与其他两种律制均有差异。五度相生律与纯律也存在不少差异。纯律的大二度有大全音、小全音的音分差；五度相生律的全音都是大全音。纯律的小二度为大半音，五度相生律的半音为小半音，两者有正负 22 音分的差异，小三度也是如此。彝族口弦将两种律制结合（纯律与五度相生律），首先选择了纯律的五度音，以五度相生律向上一次生律的五度音作为第二片口弦的"商"音做基音（以简谱记音为例，五度相生律即为 1—5—2），组合为大二度关系的

"宫（1）、商（2）"的结构，既突破了单片口弦的局限，又巧妙地结合了两种律制。再则，第二片的"基音"选"商"音，也是五度相生律的最近关系的选择。为什么组合要以"宫"与"商"的关系？是由我国民族音乐中"以宫为主"、"宫为首"的音乐体制、调式概念确定的。再有，彝族的三片口弦的排列是在两片基础上，往下加一片小三度的"羽"音，构成"羽、宫、商（6、1、2）"的三音列，也正是音乐史书中所说的，我国最早出现的有小三度音列的古老音阶形式。这里要着重说明，彝族在创造复式多片组合口弦及确定其音高、音程关系时，并不是通过乐律的计算，还是先有理性的掌握和指导，而是凭借音乐智慧和歌唱实践的经验成果。实践总是先于理论的形成。彝族祖辈们在长期的民歌演唱实践中，对五声音乐的音阶、音级、音程，已经"约定俗成"了准确的音律及音高的观念。在制作口弦和创造口弦音乐时，就依靠其声乐中确立的音级、音程及音高观念，在器乐中"复制"、"移植"，也就是再一次的智慧创造，开出了器乐与声乐的两朵并蒂之花。综上所述，彝族人民的音乐天赋和聪明才智，对口弦音乐的自成完整体系，作出了卓越贡献，不但创造了口弦音乐本身的文化财富价值，并且还体现出创造者智慧的精神财富的创造价值。

（二）珍贵的原始文明遗产的保护价值

口弦是原始时代的产物，流传于世界，尤其在亚洲，在我国各民族中流传最广，可以说它是人类早期文明的见证，现仍存留的珍稀的"文明化石"。彝族口弦音乐是单簧口弦的传承和发展，它的音乐仍然是其祖制的体系，仍然保留着许多原始音乐的因素。口弦的遗存透露出原始时代的一些社会生活信息。比如，口弦的簧要求弹性和韧性，在青铜时代和之前唯竹与铜可取，而竹应早于铜。口弦的形状无论凸头、平头、网针形、剑形、锥形、环形、叶形、梨形，都是把自然界中与人们生活中存在的与使用的物品形状，在制作口弦时的具象再现。如石刀、石斧的平头、凸头，捕鱼织网的网针，狩猎的弯弓，采集的果实等。凉山彝族口弦的剑形和叶形，两种形状也是如此。彝族"崇虎"、"尚勇"、"尊英雄"的民族意识和刚坚性格，剑形正是武士长剑的微形化；小树叶形状则是身处高寒山区生长的灌木丛的叶片形状，而不是平坝河谷的乔木树叶。

再如，原始音乐的一些特征，在彝族民间音乐中多有遗存，在口弦音乐中更能寻觅。我国老一辈音乐家杨荫浏先生在《中国古代音乐史稿》里说："原始音乐的形式节奏是它的基本因素。但音高、音色也已得到相当的注意……已出现音阶观念的萌芽。"著名学者闻一多说："声音可以拉得很长，在声调上也有相当的变化，所以是音乐的萌芽。""对于一切原始民族，节奏是具有真正巨大的意义。对节奏的敏感，正如一般的音乐能力一样，显然是人类的心理和生理本性的基本特质之一。"（普列汉诺夫《论艺术〈没有地址的信〉》）用这些经典的观点对照彝族口弦音乐，随处都能找到佐证。例如，口弦曲中的含小三度的古老音阶、羽调式、三音列、四音列的声调结构；尤其是节奏，以非均分的短长附点型、切分型为最常见的形态。这种形态被音乐学者称为在我国西南少数民族音乐中普遍存留的人类早期音乐的节奏形态。在彝族口弦音乐中，在运用一种节奏型时，通常是以单一的方式重复"一以贯之"，直到段落结束或曲终，而不是中途多种节奏型混杂，频繁交织。这也是古老的音乐思维与曲调连接方式的表现。

再例如"口弦话语"音乐，它对于研究音乐和艺术起源具有重要意义。音乐及艺术起源从来都有多种说法，或者说是多元的。彝族口弦音乐中的（或者说原始遗存）模拟语言，或者说表达演奏者语言的语意性音乐，也是对音乐起源的多元说的参照。同时，口弦音乐在运用民族传统音调和素材、连接旋律的传统思维方式，由具象性模拟性的感性基础上，通过派生的、移植的手段，向即兴创造性的高层次的抽象思维的演进，也可供学术研究。此外，在极其大量的口弦乐曲中，反映彝族人民社会生活、思想情感的丰富内容，也为社会科学的许多方面的研究提供学术价值。

还应看到，口弦的古老与现代的渊源联系的保护价值。口弦（簧）作为原始乐器，是簧类乐器的源头。口弦不仅是稀有的原始遗存，而且产生于亚洲，传播到欧洲乃至世界，成为现代口琴（还极可能包括风琴、管风琴、手风琴等簧类乐器）的发轫。因此，对口弦的保护具有其特殊意义。

（三）口弦音乐的艺术价值与学术价值

彝族口弦音乐是我国民族民间音乐艺苑中的一枝奇葩，它独特的民族风格和丰富而珍贵的遗产资源，无疑对我国民族音乐宝库是不可或缺的奉献。作为音乐艺术它同样在音乐领域里有着创作、表演、教学、研究等多方面的价值。从学术研究角度考察口弦音乐，除了上文中提到的"话语音乐"对音乐起源的关系外，对于民族的歌唱和器乐的联系与发展也有很多值得研究的课题。例如，原始时期的口弦音乐，从本质上讲实际就是"话语音乐"。那时人们或许并没有明确的"音乐"概念去"歌唱"、去"奏乐"，只是从实用的角度把它作为一个器具、一种手段，把心中的话用口弦表达出来，或者说是"以弦代口"；反之，口弦提供的"乐音"音响，其规律性的呈现，又对歌唱（民族的民歌）的音调形成与发展起着关联作用。

又如，有学者在口弦主要是单片（簧）口弦的乐曲音调中，发现其与现代物理音响学所确立的线律、五度相生律、平均律的律制的乐音不完全吻合（笔者曾在四川阿坝藏族羌族自治州采访，录音的单片拉线口弦乐曲，从记谱发现，有些音与五声音阶中的音级有或高或低的音分差；在凉山彝族口弦曲中，也偶有这种现象和"人为的"非正常乐音的音响存在），从乐律学的角度研究认为，是因为口弦的谐音列关系形成的"特色律制"，对于东方世界的民族的乐器和歌唱产生影响，同时提供了"先决条件"。口弦音乐的音阶、调式的音看似偶然，可能是以模糊的面目却隐含着相对的规律性。在20世纪五六十年代以前的很长时期，外国和国内业界都认为我国民族民间传统音乐是单声音乐、"单线条"的单旋律形态，没有多声，更没有和声的复调的音乐。直到20世纪60年代尤其是80年代前后，我国音乐家从西南少数民族（如壮族、侗族、纳西族）以及四川阿坝藏族羌族自治州嘉戎地区黑水、宝兴县硗碛藏族乡的民间音乐中，发现有多声音乐存在，进行了发掘、收集、介绍、研究，突破了过去的偏见。彝族口弦音乐从现见的谱例中，从实况录音的音响中，明确地存在低音层、中音层、高音层的旋律重叠，形成多声部的和声。声部间除基本保持泛音列纵向的音程关系的相向平行进行外，也不时有高音声部与低音声部的斜向、反向进行，出现对比性的旋律。在突出（声音明显）的旋律音上方或其下，总有一两个（有时更多）和声音同时鸣响，有时听到有三和弦的丰满感。现从《民器集成·凉山卷》中摘录几个片段谱例，以供说明：

例1. 两片竹口弦演奏，演奏者：阿育莫阿呷（女）

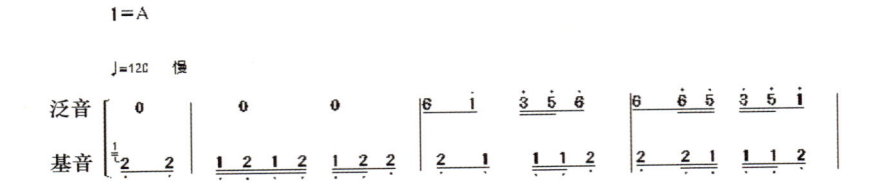

例2. 两片铜口弦演奏，演奏者：俄底子日

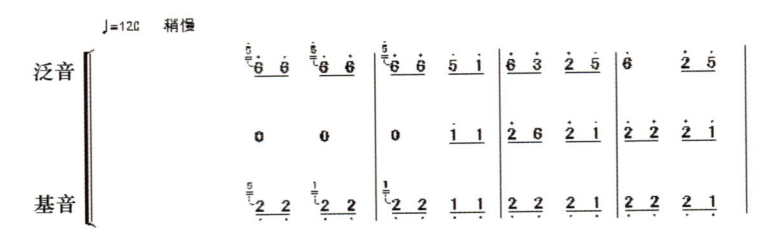

例3. 三片铜口弦演奏，演奏者：阿育莫阿呷（女）

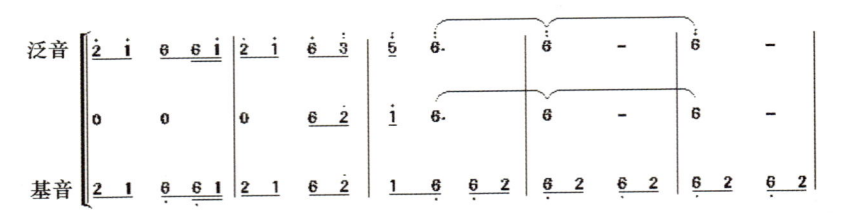

例4. 三片铜口弦演奏，演奏者：吉木土扎（女）

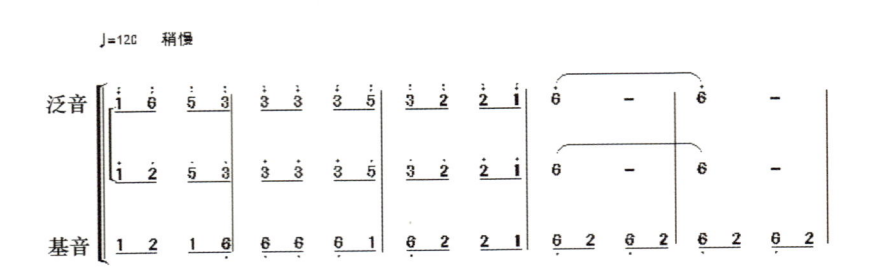

（谱例摘自《民器集成·凉山卷》，第309、304、307、314页）

上引的谱例虽然不能看作真正的多声音乐或复调音乐，但是，它也不是纯粹的单音音乐，从现代音乐和声学的角度观察，特别是我国五声调式体系的和声研究，也是有价值的。以上仅是彝族口弦音乐在音乐形态学一个方面的探索，至于其他方面的艺术价值和学术价值，也有待深入发掘。还应提及的是它作为艺术的属性也不可忽视，彝族口弦音乐艺术与彝族人民的社会生活密切联系，它们相互作用与影响。口弦音乐艺术是彝族群众需要的精神食粮，对于丰富社会文化活动、艺术活动的交流，以及其他方面的社会价值，也是客观存在的。

综上所述，口弦及其音乐源于原始时代，承载着原始文明。它所透露出的文化与艺术方面的信息，对于我国民族音乐的江河湖海来说，存在着"源"和"流"的追溯渊源，有许多课题值得深入发掘与研究。

二　口弦音乐的功能

《艺术概论》中论述艺术的社会作用与功能主要有三个方面：审美功能、教育功能、认知功能。口弦音乐属音乐艺术范畴，也具有上述三个功能的共同性和普遍性。彝族口弦音乐又因其乐器性能和音乐生存的历史时空与社会文化生态环境，其具体的功能与作用主要表现为：娱乐功能、表演功能、人文功能、实用功能。

（一）娱乐功能

口弦音量微弱，但声音优美动人，音色悦耳，能倾吐心声，是彝族人民喜爱的自娱性乐器。《滇海虞衡志》说："……阻以右手之食、中二指，挽线头徐牵动之，鼓顿有度，其簧闪颤成声。民家及夷妇女多习之，且和以歌。"这是对彝族喜爱口弦以自娱的习俗的生动描述。口弦除自我娱乐独奏之外，常三五人聚在一起共娱，以调节精神、娱乐身心，引起情感交流与共鸣，有着寓教于乐的功能和作用。

（二）表演功能

口弦的表演功能在明清以来的方志文献中有较为形象的论述。明代《南诏野史》记："婚配，男吹芦笙，女弹口弦，唱和相悦。"清代檀萃《滇海虞衡志》记："男女作歌，鸣叶吹薪、弹篾弄枯，音节流畅，合奏曲而杂和之。"

以上记叙的历史情况,生动地说明口弦的表演功能。在凉山境内,从 20 世纪 50 年代以后,口弦开始在大庭广众之中表演,在节日晚会、文艺演出中频频展现,其表演功能才充分显现出来。

图 3-10 口弦音乐省级代表性传承人海来比比嫫

(三) 人文功能

口弦有审美功能和美感作用,它能调和情绪,消愁解闷,陶冶情操,净化心灵。对个人来说是美的享受,多人在一起共享共娱,又多是亲朋伙伴、邻里乡亲,对相互沟通心灵、增进情感、促进人际关系的和谐也有潜移默化的作用。

(四) 实用功能

口弦在彝族群众中,不仅可以作为一件乐器,而且可以作为一个精致的饰物。口弦(无论片数、材质)都要系上彩绳、红色线穗,装入一个套筒内(多为小竹筒),套筒制作讲究,与口弦匹配,同样小巧玲珑,有的还刻绘有精美的花纹、图案,以彩线相系挂在胸前,成为一件精美的装饰品,不离身边。想吹奏时,随手取出一挥而就。一物兼有双重实用功能。

第六节　口弦音乐的文化空间

彝族口弦及其音乐,在过去漫长的历史时代,在其生存的文化空间里,充分展现其所长,从萌生到成熟到发展,直到近代(明、清)屡屡出现在方志文献中,在社会生活中展露。在民族民间艺术、音乐文化领域也形成自身系统,占有一席独具姿色的园地。在当代现实生活中,口弦受到前所未有的冲击,往日的空间受到挤压而渐失风采,这有其内因和外因。但是,口弦依然有着自身的生命力。在国家的重视与扶持下,保护其生态环境,开拓发展的空间,它仍能焕发生机,得到传承和发展,这可从近几十年里口弦音乐演进的历史经验中得到启示和验证。

20世纪五六十年代以来,虽然口弦在人们的视野和现实生活还能常见,但是,它的真实面目,即音乐灵魂和泛音旋律,鲜为世人所知。因为听的人多

图3-11　彝族口弦传承人走进课堂

在节庆表演的舞台上有所见识，哪怕有播音扩放，也被嘈杂的人声淹没。即使音乐工作者进行个别收集采访，因为没有录音设备，听到的也只是断断续续、零零散散的音响，没有真正完整的旋律。这个事实可从国家出版物对凉山彝族口弦第一次公开介绍得到验证。1960 年，由四川省音乐家协会编印、音乐出版社出版《凉山彝族民间器乐选集》，其中收录的口弦曲有一二十首，有的曲谱后还附有演奏者口述的乐曲内容的文字，说明是真实的田野采记。每一首乐曲大多数是只有五声中的三个音或四个音，也有五音齐全的，但都不超过八度（谱例可见原书，在此不再举例）。也就是说，记录的只是收集者亲耳听到的口弦的基音，最多听出基音上方的第二、第三分音，自然记出的乐谱就如书中的面目。直到 80 年代有了录音机，音乐工作者通过文艺会演、个别采录收录了大量口弦乐曲，他们一首一首、一个音一个音地反复听录音，认真地、忠实地记谱，才使口弦音乐的"灵魂"和真实的音乐效果得以揭示出来，并在音乐刊物上介绍[1]；在凉山州文化局编的《彝族民间器乐曲选》[2] 中，把完整的口弦乐谱第一次以低音（基音）与高音（泛音）纵向两个声部两行乐谱（音乐谱表的大谱表的形式）载入，使人们对彝族口弦音乐有了新的认识，扩大了影响。

　　事实和经验表明，在新的时代，完全可以借助现代科技文明，让口弦的声音不再微弱，用先进的手段把音量增大，可以在开放环境，像别的乐器一样演奏；进行乐器改良，有不同调性的（常用的几个调），高、中、低音区不同的口弦系列；培养能熟练掌握口弦演奏技巧、能演奏五声音阶的任何乐曲的演奏人才；不仅能独奏，还能重奏、合奏；让口弦的器乐与人声歌唱结合（方志中就有弹口弦的时候"合奏曲而杂和之"的记载）；创造新的口弦音乐品种和形式。使口弦有更多、更大、更广阔的文化空间，在音像传媒、新闻出版、文艺舞台、旅游演出、文化市场、表演团体、群众文艺文娱活动、民间工艺品市场等，都有表现机会，给口弦及其音乐的传承、发展、繁荣，注入新的活力。

---

[1] 参见曾令士《彝族口弦及口弦曲初探》，《人民音乐》1984 年第 10 期。
[2] 四川民族出版社 1982 年版。

第四章 《玛牧》

第一节 《玛牧》概述

"玛牧"又叫"玛牧伟尔"、"玛牧特依"等,汉译为教育经典、教育经、训世经、训世诗等。"玛"有教育、训导、劝说之意;"牧"有智慧、明智、优良、贤德之意,《玛牧》就是收集了教育人们做事做人的经典语言的书,目的是使之成为智慧、贤德之人。《玛牧》一书在被转写为汉文的时候,曾有《马木》《马牧》《马牡》《玛牡》《玛姆》《玛穆》等多种版本,其实这都是对彝语"hmatmu"的音译。自从由喜德县启动申报和保护《玛牧》非遗工作以来,对"hmatmu"的汉音书写逐渐得到了规范。《玛牧》包括了口头流传的"玛牧"和手抄本形式的"玛牧",而《玛牧特依》则专指过去的手抄本、油印本、铅印本和现代出版物形式的"玛牧",因为"特依"在彝语里是书、书籍、书本的意思。《玛牧》是流传于大小凉山彝族地区的重要彝语教育典籍,是彝族民间口头文学的主要代表,《玛牧》有着悠久的历史,它的流传主要是通过背诵、口耳相传和手抄的形式,在彝族的各种格言、诗歌等传统的民间文化中也有所体现。2014年7月,《玛牧》被列入第四批国家级非物质文化遗产名录。

一 《玛牧》的历史渊源

在彝族社会中,对《玛牧》的历史渊源有几种传说。第一种说法:据《玛牧》研究专家罗家修先生讲,1963年他在布拖县乐安乡收集到的一本《玛牧》手抄本的末尾"书源"中注明了"玛牧是兹米阿基的次女阿妞子普所著","书源"中有"阿妞子普嫁给耿依家,因她不愿意去,长期在家从事写作,并且写出了这部玛牧"的记录。第二种说法:《玛牧》是由古代一名叫阿卡拉惹(又名巴卡拉惹)的人所著,并说阿卡拉惹与石尔俄特是同一时代的人,连有关石尔俄特的传说也是他写进去的。第三种说法:玛牧是由古代一位名叫阿都尔普的人所著,而阿都尔普是凉山彝族地区有名望的一位兹莫。

《玛牧》的核心内容就是始终围绕古代彝族社会里"兹"、"莫"、"毕"、"格"、"卓"五个阶层来规范人的一生。凉山是《玛牧》留存和传承的最重要地区,而《玛牧》的内容当中却从未出现过明清以来直至新中国成立前凉山彝区特有的"曲"(白彝)、"诺"(黑彝)两个阶层,由此可见,《玛牧》的产生年代至少在彝族古侯、曲涅两个部落迁入凉山之前,具有千年以上的历史。

从《玛牧》所反映的彝族社会历史、等级关系、思想观念、辩证法、文明程度、风俗习惯、伦理道德、人生观、价值观等内容来看,它不可能是出自一时一地一人之手,而是在长期口头流传的基础上逐渐定型而成的,是无数代彝族先民集体智慧的结晶。因此,传说中的阿妞子普、阿卡拉惹、阿都尔普等人应该是在历史上为《玛牧》的收集、整理、传承、规范和发展作出过重要贡献的人。

二 《玛牧》的流布区域

《玛牧》作为彝族民间文学中最为成熟的教育典籍,流传时间久远,流传的区域遍及操彝语北部方言的所有彝族地区,以四川省凉山彝族自治州的17个县市为中心,辐射到四川省甘孜州的九龙、泸定两县,四川省雅安市的石棉、汉源两县,四川省乐山市的峨边、马边两县,攀枝花市的米易、盐边两县,云南省丽江市的宁蒗、玉龙两县,云南省大理白族自治州的洱源、云龙两县,云南省迪庆藏族自治州的香格里拉县等地区。其中口头传承为多数,文本流传为少数。《玛牧》具有强大的教育功能,从古至今,在使用彝语北部方言的每个家庭中都有或多或少的口传心授,并且一直有着思想教育和规范人生的实际意义,长期维系着彝区社会。

三 《玛牧》的传承与保护

《玛牧》具有悠久的历史，随着社会经济文化的不断发展，彝族社区全面开放，人口双向流动频繁，汉语教育使彝族母语教育边缘化，识得彝文字的人口日渐减少，逐渐丧失母语能力的彝人越来越多，能够理解和接受《玛牧》的人就更少了，对《玛牧》的学习热情不断地在丧失，彝族训世经《玛牧》开始出现生存危机。

《玛牧》的保护内容主要分为保护传承人、保护作品、保护文化表现形式三个方面。保护有重大影响的项目代表性传承人是第一要务，同时，要加强对传承人（继承人）的培养，并注重在青少年中形成传习自觉性。另外，再次对《玛牧》口承情况进行普查，通过收集、记录、分类、编目等方式，建立完整的档案。分别用彝族现代规范文字、国际音标记录，采取记音、录音、录像、数字化多媒体手段等，对玛牧的内容进行真实、全面、系统的记录，并对调查资料及相关实物作妥善的保存。一定要引起政府的高度重视，要把对

图4-1 矗立在西昌学院东校区（原凉山大学）旧址的《玛牧》碑刻

《玛牧》的保护工作同彝族地区的教育工作紧密结合起来，让《玛牧》逐步走进中小学课堂。

喜德县作为现代彝语标准音所在地，县境彝族文化保留比较完整，彝语口传文学较为发达，彝语使用人口很多，频率很高，近年来为《玛牧》的传承与保护作出了一定的贡献。一是于2007年成功举办彝族母语文化艺术节，通过举办彝语口传文学演述比赛等形式助推彝族民间口传文学的发展。二是积极收集整理《玛牧》民间手抄本。三是逐级申报《玛牧》为非遗项目名录，不断完善传承和保护机制。四是开展《玛牧》进校园活动。喜德县基础教育中的彝语教育有两类模式，一类模式是各科均用彝语教学的模式，如喜德县贺波洛小学、县民族中学等学校都是一类模式学校；二类模式是在全国统一课程的基础上，加开一门彝语课程。《玛牧》通过中小学教材，有较少部分内容进入了基础教育的课程。在成人扫盲教育中，由于《玛牧》在凉山彝族民众心目中的重要地位，也有部分内容作为扫盲的内容。五是组织传承人积极开展传习活动。此外，凉山州的昭觉县、西昌市、雷波县、美姑县、布拖县等部分民族中小学也在积极开展《玛牧》进校园、进课堂等务实活动，并取得了较为显著的成效。

图4-2　讲授《玛牧·礼仪篇》

图 4-3　早晨坚持诵读《玛牧》

值得一提的是，民族高等院校和中等专业学校历来是《玛牧》教育与研究的重镇，特别是西南民族大学彝学院、西昌学院彝语言文化学院、四川省彝文学校等都把玛牧融入平时的日常教育和专业课程的教学之中，各自编写出版了富有特色的校本教材，以《玛牧》作为教师、研究生或本科生的重点研究方向，从不同学科的视角对其进行解读和研究，从而为《玛牧》的传承与发展作出了自己应有的贡献。

民族文化的传承和发展要靠全社会共同关注，因此，除了《玛牧》国家级非物质文化遗产项目保护单位所在地喜德县之外，全凉山州部分县市已行动起来，如昭觉县委宣传部编译了《彝族传统道德教育读本》并让其走进了校园，走向了民众；2014年，凉山州语委编译的《彝族传统道德教育》（彝汉对照），作为彝区健康文明新生活教育读本，免费发放到了17个市县农村，让《玛牧》与时俱进，让发展与和谐同步。

116　凉山州非物质文化遗产名录丛书·第一辑

图4-4　《玛牧》走进大学课程

图4-5　老师在黑板上写着《玛牧》的品行篇内容，
他们不仅向学生传授着彝族文化，还教会学生做人的道理

四 《玛牧》传承人的存续状况

随着时间的流逝，老一代的《玛牧》掌握和拥有者正在不断地锐减，现在能系统地理解并口传《玛牧》的老人已为数不多，即便是在彝族民间，能完整背诵《玛牧》整部典籍的中青年人也已经找不到了，最多能掌握运用一些节选或部分经典语句，很多年轻人仅凭自己所掌握的母语能力，再也无法理解到《玛牧》博大精深的内涵了。流传于民间的各种《玛牧》手抄本已经无人再传抄，原稿大部分正在遗失、损坏和被丢弃，正式出版的《玛牧》书籍很少有人购买和阅读，这部曾影响彝族社会千年历史的辉煌道德教育经典几乎无人问津了，这一切都是造成《玛牧》面临濒危的社会历史文化背景，也就是这样的现实使《玛牧》的传承后继乏人，现急需采取行之有效的保护措施，使《玛牧》能够继续传承下去。目前，《玛牧》的省级非物质文化遗产代表性传承人只有喜德县的沙马史体和马海社教，他们正在乡村和学校极力开展传习活动，为《玛牧》的传承事业贡献着力量，其中沙马史体近年来收集、整理、演说、录制、出版、发行《克智玛牧》系列光盘共五张，在彝族民间反响较好，起到了传承和教育的目的，发挥了《玛牧》应有的社会功能。

图 4-6 省级非物质文化遗产代表性传承人沙马史体走进小说课堂讲解《玛牧》

除了官方命名的传承人以外，民间还有少数掌握和传承着《玛牧》的人，他们都是应该引起相关部门的重视，应该被纳入保护行列的对象。

第二节 《玛牧》的基本内容

《玛牧》是凉山彝族历史文化的产物，其基本内容如下。

一　按照自然法则，结构首尾相呼应

《玛牧》主要流传于大小凉山，口头传统和手抄本众多，进入现代社会以来，专家学者和文化工作者们收集、整理、翻译了多个版本，现在我们能够收集到的《玛牧》书籍共有十余种正式出版物。无论是哪个版本的《玛牧》都收集整理于彝族民间，因此其内容都大同小异，涉及生理学、心理学、社会学、民族学、伦理学、教育学等诸多领域，是今天全面研究奴隶社会时期的凉山彝族社会状况、阶级状况、意识形态、伦理道德、风俗习惯等领域难得的一部古籍。

从结构上看，各种版本的《玛牧》内容都从人和动物的生活环境与生活规律开始，即"远古的时候，宇宙初成时，是石拉俄特的时代；人类初繁衍，是阿普笃慕的时代；草原是云雀的乐园，云雀歌唱的乐园；树上是猴儿的乐园，猴儿玩乐的乐园；山崖是蜜蜂的乐园，蜜蜂嗡鸣的乐园；杉林是野兽的乐园，獐鹿跳跃的乐园；水中是鱼儿的乐园，鱼儿畅游的乐园；深山是老虎的乐园，老虎独行的乐园；天空是老鹰的乐园，雄鹰飞翔的乐园；竹林是锦鸡的乐园，锦鸡鸣唱的乐园；蕨林是雉鸡的乐园，雉鸡啼鸣的乐园；世间是人类的乐园……"而各种版本的《玛牧》都是以"笃慕的子孙，烧柴要砍向上长的树来烧，喝水要舀向下流的水来喝，走路要走横着开的路，说话要说听得惯的话"作为结束章节。

罗家修 2002 年修改整理出版的《玛牧特衣》彝文版，共分为 117 章。其中第一章以人和动物的生活环境与规律为内容；第二章以"矛盾无处不在—矛盾产生的根源—矛盾可以对立转化"为内容；第三章以"人人都会历经艰

辛和磨难"为内容；第四章以"狭隘的弊端"为内容；第五章以"好兹和恶兹的不同"为内容；从第六章到第七十二章的内容就把人的一生分为多个年龄段进行教导；从第七十三章到第一百一十七章就站在前辈的高度，对后代进行全方位的立德树人教育。

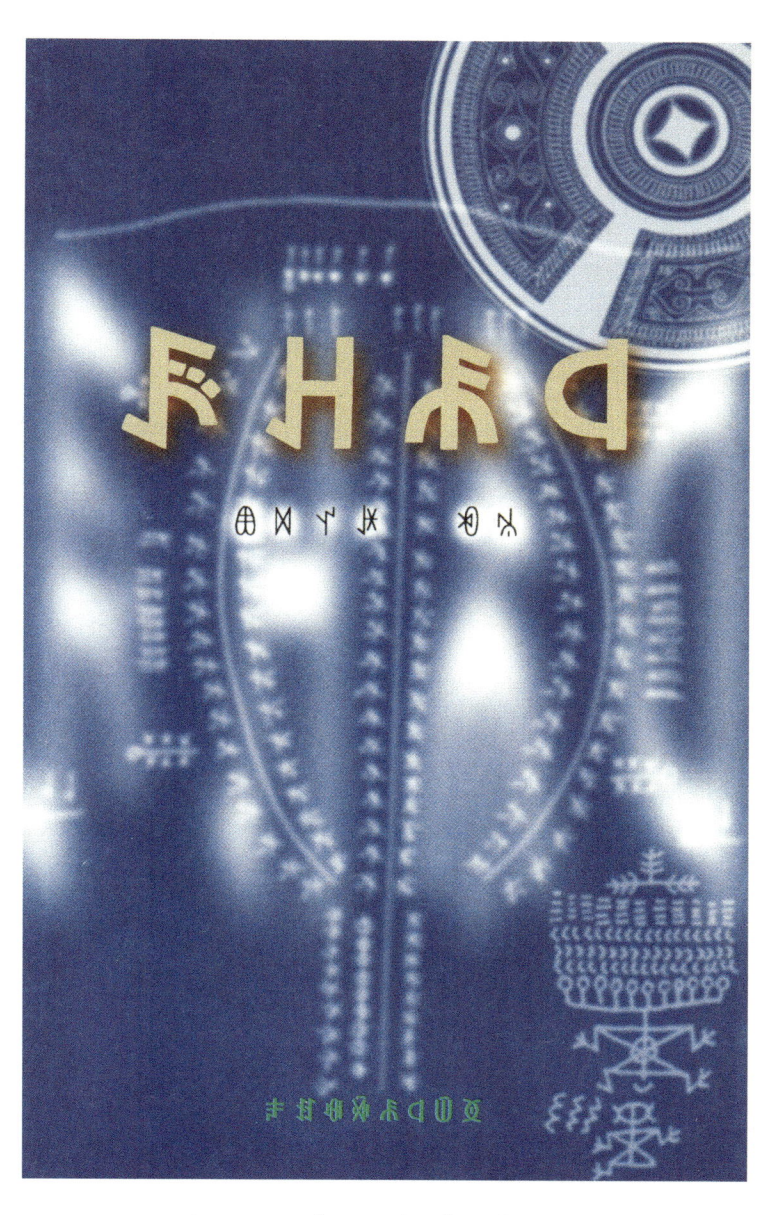

图 4-7　《玛牧特衣》（彝文版）

二 以年龄为线索,教育主线纵贯人的一生

《玛牧》按照彝族男人从小到大、从大到老的年龄线索,分年龄段深刻阐述了现实之中富有哲理性的人生规律。从罗家修收集整理出版的《玛牧特衣》来看,它把人的年龄分为"生后一二岁→生后六七岁→生后一轮十三岁→生后十六七岁→生后二十一二岁→生后二轮二十五岁→生后三十三岁→生后三轮三十七岁→生后四十四岁→生后四轮四十九岁→生后五十五岁→生后五轮六十一岁→生后六十六岁→生后六轮七十三岁→生后七十七岁→生后七轮八十五岁→生后八十八岁→生后八轮九十七岁→生后九十九岁"共 19 段,然后根据不同年龄段人的生理变化、行为习惯、外部形象、内心修养等特点,进行劝导和教育,具有很强的针对性。现简要列举如下:

(1)"生后一二岁,坐于母亲的臂弯,伸手抓母胸,动脚随母移……"

(2)"生后六七岁,将会成人的,人往高处长……成长之时莫要做坏事,若是做坏事,子孙无依靠。莫打邻居狗,打狗顾主面……"

(3)"生后一轮十三岁,长骨肉未丰,身长无知识,孩提想不周,马驹踏不稳……"

(4)"生后十六七岁,打扮得正美,整装骑上马……深山是我们狩猎的地方,河流是我们捕鱼的地方,平坝是我们赛马的地方,田地是我们插秧的地方,高山是我们放羊的地方,美女是我们的美女,聚会的场合我们的姑娘最出众,英雄是我们的英雄,出兵打仗我们的英勇最英勇……"

(5)"生后二十一二岁,温暖的是太阳,日头高高挂,爱的是父母,父母隔得远……"

(6)"生后二轮二十五岁,血气方刚正当年,追人追得上,己逃逃得脱,自由又自在,征服强敌人,俘人又掠马,智愚兼在身,我饿他人饿,我饱他人饱……"

(7)"生后三十三岁,寻找钮尼吉尔,得到钮尼吉尔;寻找格俄吉尔,得到格俄吉尔;寻找圣圣吉尔,得到圣圣吉尔;寻找邛部吉尔,得到邛部吉尔……"

(8)"生后三轮三十七岁,长骨肉丰满,人生有知识,脚趾不碰石,建功

立业年……"

（9）"生后四十四岁，毕摩懂得的是尼局，懂尼局的就除灵。凶是合克凶，合克不露凶；送要送主案，主案送不赢；爱的是父母，亲的是子孙……"

（10）"生后四轮四十九岁，学精想得周，学识更渊博。筒中装十箭，灵的要先射；内心有十句，对的要先说；对的莫留后，说的莫说错……"

（11）"生后五十五岁，什么都懂得，兹懂千知识，莫懂百知识，毕懂个知识……"

（12）"生后五轮六十一岁，六十不犁地，知识丰富却记忆不再清，不管邻里事，心中唯有善，凡木我门槛，凡石我锅庄，有眼望亲人，有口问亲人，我亲乃此生，我戚乃此生……"

（13）"生后六十六岁……牛羊无规矩，特需一牧人；土地无界线，特筑一地界。莫把冤家传给子，化敌为友传与子，一日树了敌，招致十日敌，十日树了敌，招致一生敌，一生树了敌，终生都有敌，黑发苦一生，白发苦二世……"

（14）"生后六轮七十三岁，七十受敬孝，七十不发言，内心想得多，手脚不给力，对也莫说了，错也莫说了……"

（15）"生后七十七岁，用语不成句，脚不再远行，手不再杀敌，女人六十六，不到织机旁，男人七十七，不到议事处……"

（16）"生后七轮八十五岁，晒谷不赶鸡，有嘴不斗敌，有脚不行路，老到了头部，头昏眼又花，老到了眼里，一个被看成两个，老到了耳际，一句被听成两句，老到了腿部，一步迈成了两步；老到了嘴上，一句说成了两句……"

（17）"生后八十八岁，是嘴不发话，是心不恋财，是脚不走路，坐在屋檐下，晒荞不吆鸡，鸡是我食物，荞也是食品……"

（18）"生后八轮九十七岁，即将到尽头。子孙后代们，人类贵勤俭，牲畜贵食盐，人只要勤俭，希望时时有，牲畜喂着盐，时时都肥壮……"

（19）"生后九十九岁，眼睛不见路，耳已听不见，伸腿不踩地，见人不搭讪，与人不算伴，脚被蚁咬无察觉，手被鸡啄也不知，是也将过去，非也将过去，世间的人们，老者莫羡慕青年，老人不会变年轻，青年莫嫌弃老者，青年终究会变老……"

三 教育内容丰富,涉及面广

一方面是《玛牧》的内容丰富,与社会生活息息相关,实用性强。涉及历史、地理、天文、历法、习惯法、典章制度等各方面,反映了彝族社会历史、等级关系、思想观念、辩证法、文明程度、风俗习惯、伦理道德、人生观、价值观、世界观等内容。有关于学习的,如"知识由学习的人所掌握,牛羊被放牧的人所拥有,粮食被耕作的人所拥有"①。有提倡人人平等的,如"主子靠奴仆,莫要欺奴仆,也莫重主子,主子是个人,奴仆也是人……"有提倡礼尚往来的,如"世间的人们,礼待朋友者,所往朋友多;礼待兹摹者,兹摩器重你;礼待家族者,家族敬重你;礼待亲家者,亲家乐联姻……"有反对贪财的,如"贪财不成财,贪食不成食,钱财只一天,友谊是一生'。有关于为人处世的,如"会牵犁得直,会种庄稼壮,会积存富裕。绵羊会生活,不被牧石打;阉鸡会生活,公鸡不啄它;牦牛会生活,公牛不斗它;人类会生活,祸事不沾身"。有关于对待朋友的,如"后代子孙们,恶语莫伤友,恶语若伤友,一日弃朋友,十日无朋友,灰尘进眼睑,无友来取尘,有马需修路,养儿需交友,平日不交友,急时无朋友,急时不交友,邻居圈不牢"。有关于作风的,如"人好作风好,人孬作风孬,开亲靠作风,交友靠作风,爱友爱作风,斗敌靠作风,待客靠作风"。有关于缺乏教养的,如"无父的儿子,骑马骑进屋;无母的女儿,脱毡为枕头,脱裙为睡垫,双腿叉开坐;无夫的女人,话语多得很;无妻的男人,裤管拴着穿;无主的奴隶,不听长者话"。有关于尊敬老人的,如"后世子孙们,莫顶父母嘴,若顶父母嘴,行为犯在先,后悔来不及,父母再不好,好比山头雾,是也要散去,非也要散去,头日不散去,次日会散去"……

另一方面是《玛牧》的针对性强,教育面遍及全社会。古代彝区社会由"兹"、"莫"、"毕"、"格"、"卓"五个阶层构成,而玛牧的各个章节几乎都直接针对这五个阶层来开展教育,教育覆盖面遍及整个彝区社会。在强调人际关系方面有"所有妇女们,莫嫌弃娘家,娘家最能维护人;所有男儿们,莫

---

① 罗蓉芝译,《玛牡特依·彝汉文对照本》,四川民族出版社 2011 年版,后续文中引文也依据本书,不再单独标注。

得罪家族，家族最能袒护人；所有的兹米，莫得罪奴隶，纳税奴隶最行；所有的奴隶，莫得罪兹米，判理兹米最行；所有的卓卓，莫得罪匠人，若得罪匠人，烂锄修不成"。在提倡人人平等方面有"世上的人们，莫重视兹米，莫轻视奴隶，兹米是人，奴隶也是人"。在提倡勤奋方面有"兹莫睡懒觉，兹若睡懒觉，不成执政者……莫别睡懒觉，莫若睡懒觉，不成判案者……毕莫睡懒觉，毕若睡懒觉，不成除灵毕……格莫睡懒觉，格若睡懒觉，铁墩飞天外……卓莫睡懒觉，卓若睡懒觉，不成耕牧人，羊群被驱散"。在各阶层的相应职责方面有"为君不开明，臣民四处散"、"君来毕不迎"、"匠人不学技，铁锤砸膝盖"等。除此之外，玛牧还对"彝—汉"、"主—仆"、"姻—亲"、"敌—友"、"主—客"、"夫—妇"、"父—子"、"母—女"、"婆—媳"等相对群体或个体进行分类教育，对社会上各个阶层的人提出了不同的要求。

第三节　《玛牧》的特征

一　诗言性

《玛牧》是彝族传统教育经典，也是彝族训世诗歌珍品。《玛牧》的表现形式主要运用象征、比喻、对仗等五言诗体，阐述彝族先民处世哲理、道德修养和行为规范的宝贵经验，体现彝族先民独到的思维方式和诗性特质。如"笃慕的子孙，尽听妻儿言，克敌难制胜；尽听亲家话，难随家门行；尽听家族言，与亲难和谐"。"笃慕的子孙，高站见得广，静坐想得多，翻身能熟思，熟思知识丰。晚辈后生们，朋友看着交，敌人看准打，饭要嚼了吃，话要想了说。"无论是劝说和训诫的格言，还是勉励和感召的谚语，字里行间浸润着前辈对后人的殷殷深情和拳拳爱心，饱蘸着教人向真、向善、向美的智慧之光和文明之花。

二　育人性

《玛牧》是彝族千百年来训世育人的思想源泉，它立足人一生的成长规律，强调人的成长中矛盾与冲突的调和。其教育对象包括儿童、少年、青年人、中年人和老年人。在教育普通民众的同时，对统治阶级也有相应的教育内容。教育的内容包含了社会生活中可能遇到的各种伦理礼仪、行为准则、风俗习惯、法理逻辑等，并始终从道德戒律的角度，将德、智、体、美、劳的"全面育人"思想作为核心内容，始终站在超阶级的立场上训世教人求知明理，具有立场高度超俗、教育全面实用的特征。

三　哲理性

《玛牧》涵盖了彝族先民的历史进程、等级关系、思想观念、文明程度、风俗习惯、伦理道德、辩证法、习惯法、人生观、价值观、世界观等丰富的内容，反映世界人际关系的同时，也有不少的语句涉及自然规律，要求人们遵从自然规律行事，具有极强的哲理性。如"莫轻视穷的，莫看重富的，穷的可变富，富的可变穷；莫轻视衰的，莫看重旺的，衰的可变旺，旺的可变衰；莫轻视小的，莫看重大的，小的会长大，大的会变老。贫穷与富裕，在一只母猪的一生；人丁旺与衰，在一个妇女的一生，大人与小人，在一条牛的一生"。这说明家景的贫富、人丁的盛衰、人的成长都不是亘古不变的，而是不断变化发展的。其中"贫穷与富裕"、"兴旺与衰败"在一定的条件下是可以相互转化的，而人的成长与衰老也是不可抗拒的自然规律，从中揭示了朴素的运动变化发展观。又如"天与地两家，云星要相吃，日月来劝解；彝与汉两家，顶子要相吃，金银来劝解；兹与莫两家，老牛要相吃，骏马来劝解"。它勾画了在天地日月星辰之间、不同民族之间、同一民族的统治者与被统治者之间处处都有各种各样的矛盾，传达了一切事物都处在矛盾运动之中的观点。

四　渐进性

《玛牧》的结构以年龄阶段为经线、以道德情操为纬线交叉而成。主要以一轮一十三岁、二轮二十五岁……八轮九十七岁的八个人生历程，论述人生不同时期不同的生理、心理和行为特征，训导人们在不同时期要有相应的道德规范、行为情操和认知能力。如"笃慕的子孙，一轮一十三，身长肉未长，骨型未成定，孩童心幼稚，马驹踏不稳，孩童思玩乐，一日奔九处。二轮二十五，生龙又活虎，跟随不掉队，脱身能随意，昂首无畏惧，治服强大敌，俘人房马归，若智又若愚，己饱别人饱，己饿别人饿。三轮三十七，骨肉长结实，人生阅历丰,不做鲁莽事,一切想周全。四轮四十九,越来越智慧,能言又善辩,箭筒有十箭,灵的要先射;心中有十话,对的要先说,对的莫留着,说的莫说错。五轮六十一,扶犁力减弱,巩固记性差,不管邻里事,总是有善心,凡木己门槛,凡石己锅庄,有眼望己亲,有嘴问己戚……"这些描述概括了人在发展过程中各个年龄段的生理特征和思想特点,反映了人生成长的必然发展规律,体现出以龄施教的循序渐进性。

五 阶层性

《玛牧》阐述了古代彝族社会群体衍化为"兹(君)"、"莫(臣)"、"毕(师)"、"格(匠)"、"卓(民)"五个阶层,而每个阶层都有明确的分工和职责。"兹"是最高的执掌权力的决策阶层,"莫"是较高的掌管军事和法规的权力阶层,"毕"是掌管文书和宗教祭祀的文化阶层,"格"是从事传统手工技术性生产的阶层,"卓"是从事农牧业生产劳动的阶层。这些不同的阶层又有不同的教育内容和教育方式,从而使各阶层的职业性更加凸显。这种早期职业的分类虽然较为简单,但它不仅呈现了古代社会阶层的原型,而且记载了人类职业分化的开端,也标志着人类进入阶层性职业特征明晰化的一个崭新阶段。

六 活态性

《玛牧》在川滇大小凉山彝区世代相传,有着深厚的社会基础和广泛的民众性。它是规范彝族社会内部人际关系及其人与自然相处的行为准则、伦理道德思想的指南,具有深远的影响。《玛牧》的流传不仅仅是各种静态的手抄本和出版本,而更重要的传播途径是通过口头的形式在彝族民间广为延续。除了人们根据不同的场域和不同的对象,灵活选择《玛牧》的相应内容进行普世性教育外,熟练掌握《玛牧》的毕摩(经师)、德古(智者)等,也在宗教仪式、调解纠纷、节日庆典、婚丧嫁娶中信手拈来地引用精彩篇章或段落,以强化溯源的合理性和权威性,从而使这部典籍的流传能够渗透到人们的日常生活中,成为一部具有活态性的现实道德教育经典。

七 流变性

《玛牧》产生于彝族兹莫执政的年代，过去是为统治阶层和部分等级地位比较高的特定群体服务的。随着时代的变迁，它才逐渐地以口耳相传的文学形式散布民间，成为大家耳熟能详的教育经典。虽然流传于大、小凉山各地的《玛牧》版本较多，但内容却大同小异。如今在彝族民间及教育中，与时俱进的《玛牧》读物也不断涌现，譬如，《彝族传统道德教育读本》《彝族传统道德教育——健康文明新生活教育读本》等书籍，在摒弃了不合时宜的旧内容的同时，增加了符合时代主流价值观的新内容，从而使《玛牧》日益焕发出新的活力和魅力。

第四节 《玛牧》的价值与功能

一 《玛牧》的价值

（一）教育研究价值

《玛牧》是在彝族人民长期的生产与生活实践的过程中自发产生的一种教育经，其教育形式是多种多样的，没有固定的教育场所，没有固定的教育时间，教育形式完全生活化、自由化；其目的就是纠正人们的道德行为，培养人们掌握各种知识，教会人们如何做人。教育内容极其独特丰富，思想内容贴近彝族人民的思维习惯，教育方式更贴近彝族人民的日常生活。《玛牧》作为一种独特的教育资源，最关键的是它与人们的日常生活紧密联系在一起，来源于生活，融于生活，因此，这种教育资源易于传诵，并且能够及时地得到强化，使人们在自然生活中便可以接受到各种教育。《玛牧》汇集彝族先民的思想、经验之大成，隐含着终身教育的制度、范围和含义，历来受到彝族人民的遵从、学习、运用、传承和保护，具有很强的思想启迪和教育研究价值。

（二）传统道德规范和彝族习惯法研究价值

《玛牧》是一部影响凉山彝人世界观、价值观的世俗教育经典，是凉山彝族社会内部人与自然之间、人与人之间关系之行为准则和道德规范，是彝族人思想道德的普遍尺度，对过去彝族社会各阶层关系、家支秩序起到过十分重要的作用，对于研究彝族传统道德规范和彝族习惯法具有重要的价值。

(三) 人类学、民族学、民俗学和哲学研究价值

《玛牧》作为一部长期流传在彝族民间的传统伦理道德教育经典，其思想深邃，内容丰富，并且有着深刻的社会根源和思想渊源，在历史上曾经对维系彝族社会发挥过积极的不可替代的"德治"作用。《玛牧》的思想维系了彝族社会几千年，对丰富中国古代伦理道德文献，对彝族社会伦理道德及人生观、价值观等起着重要作用，具有人类学、民族学、民俗学、哲学等研究价值。

(四) 传承发展的价值

《玛牧》的出现和存在提升了彝族社会的文明程度，其所提倡的人与人之间相互尊重、谦让有礼、平等相待的思想更是创造和谐的人际关系与稳定和平的社会局面的重要保证。《玛牧》所强调的人与人之间、人与自然之间的和谐关系，可以古今通用，这些较好的民族传统文化应当加以研究，可以正确应用到现代学校教育、家庭教育、交际公关教育等方方面面，为现代化建设服务。因此，《玛牧》具有传承发展的价值。

二 《玛牧》的功能

(一) 道德教化的功能

《玛牧》以道德教化为主要目的和终极目标，注重道德修养的生成与行为准则的规范。孝敬父母、尊重长辈是彝族人民的优良传统，也是创造和谐社会的一个重要因素。如"不听父言绕十沟，不听母言钻五谷"。"子孙后代们，要诚信待家门，要守信待朋友，对亲家要礼貌，对朋友要善意，待父母要孝敬。""真正的子孙，要为父母好。父母养儿苦，要照应父母，说话要和气，敬献软食物。""所有的子孙，莫顶父母嘴，若顶父母嘴，行为在前面，后悔来不及。""大人小人同行，长者应坐上，幼者应坐下，长者应骑马，幼者应走路。"这是包含人伦规范的传统美德，它将"诚实守信，善待他人，尊老爱幼"的主张作为做人的基本准则，引导人们尽孝道之情。《玛牧》主张人要知廉耻，不能失信于人。如"后代的子孙，君虚妄君败，毕虚妄毕败，真诚随家支，真诚随宗亲"、"兹失信如盗贼，莫失信如失魂，毕失信人遭殃……""贪食莫偷吃，贪肉莫偷鸡，贪色莫奸幼，贪财莫告密，告密者笨呆，告密者

倒霉，告密者失魂……"它告诫子孙虚妄、失信、偷盗等既害人害己，又极其卑劣，人要真诚才能赢得他人的尊重。这是彝族传统善恶的标准，也是建立一种合理的社会道德规范体系的根基。

《玛牧》提倡以礼待人，互相尊重。如"对姻亲礼貌，姻亲来开亲"。"君子说好话，自觉文明礼貌，小人说坏话，不知自己丑。"彝族是个崇尚文明礼仪的民族，无论是为人处世，还是接人待物，一切皆以文明规范言行，只有品德高尚的人才能受到社会和人们的敬重。而那些粗俗莽撞、不晓礼仪的人将为世人所不齿。因而，《玛牧》所提倡的是一种和谐的伦理关系。

《玛牧》提倡勤劳俭朴，反对好吃懒做。如"人贵于勤俭，勤俭能致富；畜贵于喂盐，喂盐能长膘；土贵于施肥，施肥能出粮"。"世界的人们哟，一人将致富，锄头不离手，巡走田地边；一人要穷困，无聊加闲逛，房前屋后闲。一家要兴旺，锄头扛肩上；一户要穷困，烟斗成三只；一家要衰败，只见腋下笛，九日无粮炊。勤劳俭朴者，随处都是财。"这些语言用形象化的比喻和举例告诫人们只有勤劳俭朴才会发家致富，而懒惰成性就会贫困潦倒，以此来激励勤于劳作、艰苦朴素的人，批判游手好闲、好吃懒做的人。因而，在《玛牧》的熏陶下，彝族人以勤俭为荣，以懒惰为耻。

《玛牧》提倡互敬互爱，反对漠不关心。《玛牧》说："世间的人们，为父抚养子，子也念父恩，父也为儿想；为母抚养女，女则思念母，母则维护女。为父不爱子，灵牌黑沉沉，为儿不爱父，四方去浪荡；为妹不爱哥，寻亲不得亲；为哥不爱妹，子孙难结亲；有祖不爱孙，灵牌挂山岩；为孙不爱爷，屋基狐狸叫。有亲不认亲，外出难食宿。"这是传统彝族社会中家庭成员之间互为依存的真实写照。在彝族群体之间血缘关系和姻亲关系相互交织，彼此要相互关照、和睦共处。父母要履行养儿育女的职责，子女也要报答父母的养育之恩，并将个人的行为融入血亲与姻亲交织的网络结构。而家支头人也在规范成员行为、强化家支内部管理时不断强化这种关系的道德教育功能。

（二）励志向上的功能

《玛牧》提倡各阶层从事每种职业的人都要勤于学习和勇于实践，揭示了人类知识都来源于人的社会实践和学习。如"笃慕的子孙，兹新临政，求教于毕和莫；莫新判案，求教于老案例；毕新学毕，求教于经典；格新学艺，求教于他人手艺；卓新学耕牧，求教于老牧人。有无没学的兹？没有不学的兹，若有没学的兹，兹重新治理；有无没学的莫？没有不学的莫，若有没学的莫，案子重新判；有无没学的毕？没有不学的毕，若有没学的毕，经书卡着毕；有无没学的格？没有不学的格，若有没学的格，工艺难住格；有无没学的卓？没有不学的卓，若有没学的卓，养儿齐遭殃"。"笃慕的子孙，愚者无所不吃，智者无所不学，一日重言谈，学习言和词；一日重力气，练功学摔跤；一日重勇猛，学战略战术；一日重技术，工具握手中；一日重学习，书本握手中；一日重放牧，找蓑衣斗笠；一日重耕牧，找犁头枷档。"它强调了既要注重书本知识的学习，也要注重社会实践的锻炼，与今天所倡导的知识与能力并重的应用型人才培养目标不谋而合。而"人往高处走，乌鸦向上飞，兔往高处跳，山火往上烧，筐筐往上编"更是一种人生导向的航标，总能给人以积极生活、乐观向上的精神动力，尤其对当代彝族年轻人具有励志向上的教育功能。

（三）文化传承的功能

《玛牧》是彝族先辈知识和经验的结晶，包含十分丰富的彝族传统文化信息，如哲理、祖灵信仰、伦理道德、风俗礼仪等方面的知识。《玛牧》的流传是彝族文化认同感的体现。在日常生活中，许多家长都自觉地用《玛牧》中祖灵信仰、处世哲学、农耕技术、畜牧养殖、工艺技术、军事思想、家支谱牒、风俗礼仪等内容教育子女，对彝族文化的传承具有重要的意义。在调解纠纷中，德古除了依据传统习惯法外，还娴熟地运用《玛牧》中的精辟语言进行劝说，从而对传承彝族文化起到了不可替代的重要作用。因而，《玛牧》作为教育经典的读本，在彝族群体中一代又一代地传播，对于传承和发展彝族文化具有重要的作用。

（四）调节社会关系的功能

和谐的社会需要规范的秩序来保障，而社会秩序的建构需要一系列约束机制来确立。《玛牧》正是以善恶为标准，依靠舆论和习俗对人们作思想引导、心理感召和情感熏陶，使人们逐渐形成正能量的理想信念和行为习惯，从而自发地调整人与人之间、人与社会之间的各种关系。《玛牧》中"兹莫的吉尔，是个黄金印；工匠的吉尔，是个大铁墩；毕摩的吉尔，是把镀金的乌土；苏尼的吉尔，是根击鼓棒；百姓的吉尔，是个耕牧神；女人的吉尔，生育繁殖魂"。也是通过对不同社会角色的行为准则的约束，构建、强化这种社会秩序，让人们按照相应的行为准则各负其责，以求得平衡与稳定。《玛牧》时而用简明扼要的语言，于具体行为规范中严格要求人们；时而用生动形象的比喻，通俗明白地表达去恶扬善的良好愿望，试图以此达到个人道德修养的提升和社会秩序的规范。它强调"有善要报之以善，有恶要报之以恶；有善不报，无人行善；有恶不惩，行恶为常"。表明《玛牧》是非分明、有恩必报、有恶须惩的是非观。与此同时，《玛牧》提出要建立和谐社会，无论政治行为中的上自兹莫土司，下至庶民百姓，还是家庭伦理中的父子关系，都须"众善奉行"方能构建："兹莫施仁政，庶民方兴旺；父母存善心，子孙才发达。"任何时候，《玛牧》去恶行善的这种文化精神都值得发扬光大，热情善良的民族精神也不能随意丢弃。《玛牧》对"去恶行善"的具体要求有很多，包括不偷盗，不说谎，不惹是生非等。如"偷盗最无耻"，"对人莫说谎，说谎一天羞十天"，"牛羊不生事，石头不打它；人们不惹事，纠纷不找他"等。这样，《玛牧》以教育"人心向善"为根本手段，达到其构建和谐社会之目的。

（五）促进民族团结的功能

《玛牧》谈得最多的内容是团结友爱、和睦相处，说明《玛牧》早已充分认识到民族团结在构建和谐社会中的重要性。无论是同一民族内部，还是不同民族之间，都要相互团结、相互依存、和睦相处，不能行凶犯恶，提倡广交朋友。如"杉与竹和睦，竹头不受霜雪冻；竹与杉和睦，杉足不遭狂风刮"。"婆婆恶则媳妇逃，嫂嫂恶则妹妹逃。""百个朋友不算多，一个敌人不谓少。""贤人到敌家，敌人变成友；愚人到友家，朋友变成敌。""惟稳重作父母，惟忍耐是长者。""土司亲民，打仗有强军；土司若叛民，家穷空荡荡。"这些育人理念以彝族特有的思维形式，从正反两方面进行比较论述，反复强调团结友爱的种种好处，指出不团结友爱的种种不良后果。《玛牧》提倡团结互助："一户团结了，耕牧一致，放牧成功；耕种也成功。""富人不求人，羊被抢便求；穷人不求人，死儿时便求。"无论穷人或富人在生活中都不能孤立地存在于世，既不可能与世无争，也不可能与人无求，人与人之间总是处于互相依赖、互相帮助、互有所求的状态。耕牧的成功，不仅需要自然的风调雨顺，而且更需要人的团结互助，共同奋斗，甚至把团结互助的合作精神提到一定高度来认识是有其深刻道理的，即使在今天看来，也是更有其现实意义的。《玛牧》中还着重强调了"多栽花，少栽刺"的道理。"朋友多为好，百友不算多，独敌不算少"，"树上一天敌、招致十天敌；树上十天敌，招致一生敌……"这里所提倡的广交朋友是彝族民众为人处世的行为准则，也是彝族日常生活的经验总结。这些言行对于促进和维护民族团结等发挥着重要的作用。

第五节　《玛牧》的传播与影响

一　《玛牧》的传播

《玛牧》作为彝族民间文学的重要代表，长期以来主要以口耳相承、文本传抄的方式，在婚丧嫁娶、调解纠纷等场合传播。改革开放至今，《玛牧》的传播方式发生了巨大变化。一是纸质的油印本、正式出版物相继出现。二是由收录机自行录音用于学习和欣赏的带子开始在民间流传。三是四川人民广播电台彝语台（民族频率）、凉山人民广播电台彝语台、各县市广播电台彝语台、凉山电视台彝语频道、各县市电视台彝语栏目等媒体频频播出以《玛牧》为内容的节目，如凉山电视台彝语频道迄今已播出过《玛牧》节目四十余期。四是从小学到大学，开设彝文课的学校把《玛牧》节选为教材内容。五是随着录音、录像、播放等设备在彝族民间的普及，一些自发地摄（录）制彝族文化题材光盘的行为在民间出现，《玛牧》就成为他们的传播对象之一。

在《玛牧》的近现代传播过程中，最多的传播媒介还是以书籍为主。目前，我们能收集和了解到的《玛牧》文本及相关教材有如下几种。

（一）彝文版本

（1）1978年，昭觉县语委刻印本《玛牧特依》曾作为内部参考资料使用。

（2）1985年，罗家修先生收集整理出版的《玛牧特衣》（四川民族出版社），该版本由罗家修学习、收集的14个手抄版本整理而成。2002年，罗家修再次修改整理的《玛牧特衣》（四川民族出版社）分为117章，并分章对疑难词、句进行详细注释，使注释的内容更加丰富和明晰。

（3）1999年，李尼波、沙马吉哈编著的《勒俄·玛牧特依释读》（彝文，四川民族出版社）分为"勒俄"、"玛牧"两个部分，其中玛牧部分共有15章，每章包括"古彝语"、"疑难注释"、"现代译文"、"问题与思考"四节内容，属于彝族民间文学教材学习用书。

图4-8　《勒俄·玛牧特依释读》（彝文）

（4）2000年，洛边木果主编的《大学彝语文》（四川民族出版社）收录了《玛牧特依》前半部分节选。2007年，曲木伍各、洛边木果主编的修订本《大学彝语文》（四川民族出版社）同样把《玛牧》的部分内容作为重要章节编录其中。

(5) 2002年,景志明主编的《古代彝文文选教程》(四川民族出版社)将《玛牧特依》全文内容收入其中,并作为展讲的重点内容。

(6) 2013年,孙子呷呷、张瓦铁主编的《彝族古典文学导读》(云南民族出版社)收录了《玛牧特依》全文内容,并简要介绍《玛牧》后,分章节对相应疑难词、句作了注释,还配备有思考与练习,从而为古代彝文经典文学的教与学提供了优秀教材。

(二) 彝汉文对照版本

(1) 1978年,冯元慰等收集、整理、翻译的《凉山彝文资料选译(2)》(西南民族大学,油印)中的《玛牧特依》供内部使用。

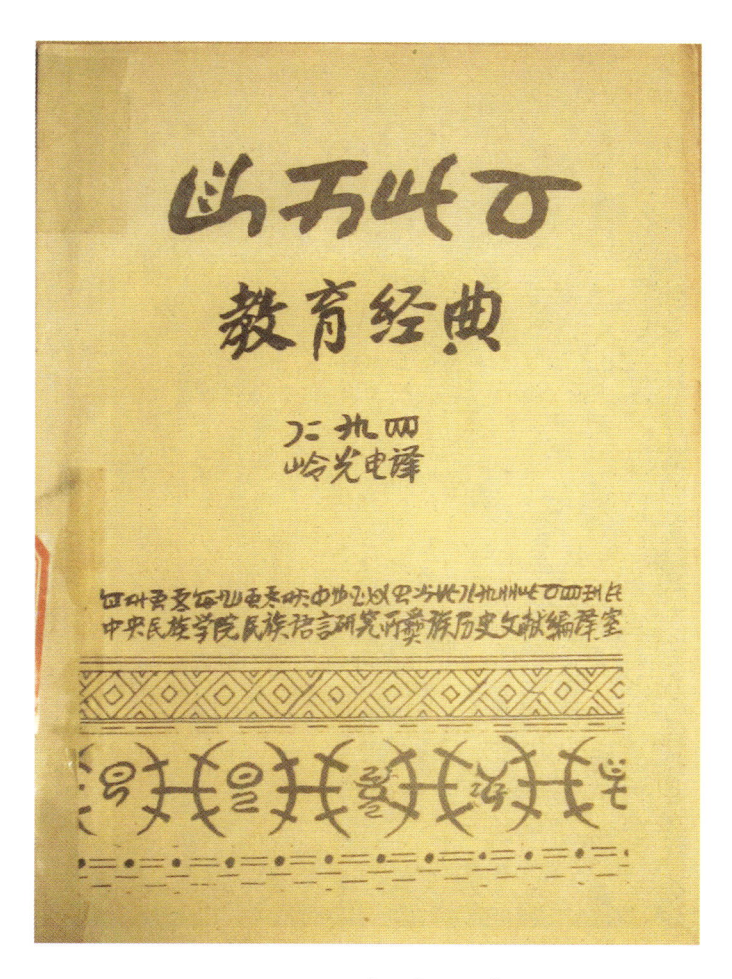

图4-9 《教育经典》

（2）1982年，岭光电先生整理并翻译的《教育经典》（中央民族学院，油印）是国内较早的版本之一，其内容涉及面较广，既对不同地位、不同身份的人有不同的教育要求，也对所有受教育的人提出了内容不同的各个方面的要求，是彝族古代教育的集中体现和典型代表。这本书是对"大小凉山彝族地区留存下来独一无二的清朝彝文木刻本"《玛牧特依》的翻译，而该木刻本现存于北京民族文化宫和巴黎远东研究院图书馆，是目前已知的关于《玛牧特依》最早版本的记载。

（3）2002年，吉宏什万等编著的《玛牧特依译注》（云南民族出版社）除对《玛牧》内容进行彝汉对译外，对词语和句子也进行了详细的注释。

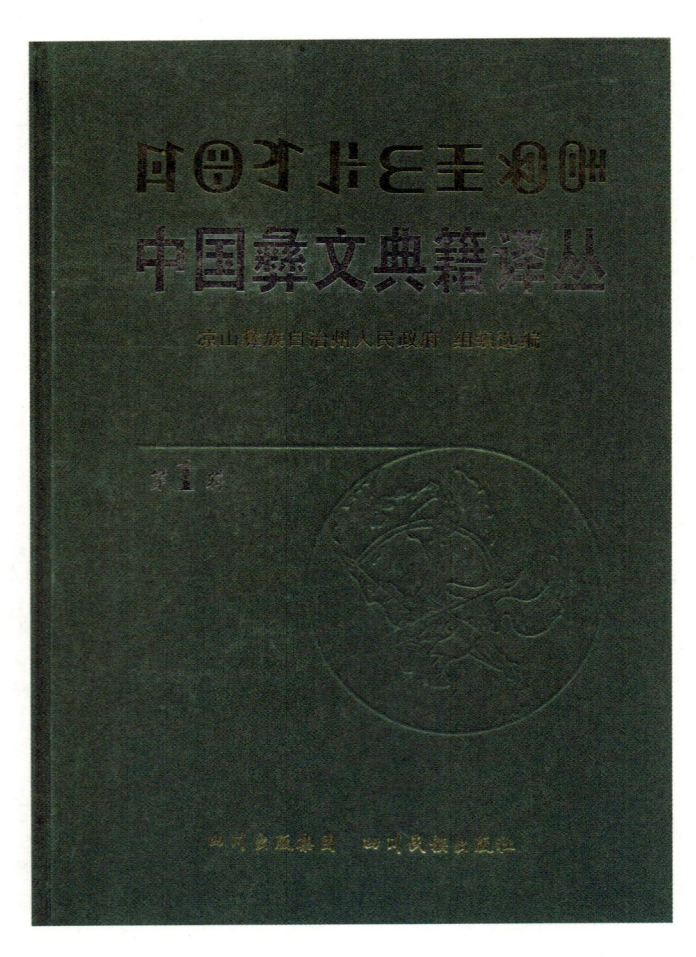

图 4-10 典籍译丛中收录了《玛牧特依》

（4）2005年，吉格阿加翻译的《玛穆特依》（云南民族出版社）是在收集了若干个版本并进行认真对照的基础上，再以西南民族学院油印本、北京民族文化宫清代木刻本为主，参考其他抄本补充、删减、勘校、整理形成的一个新综合版本。

（5）2006年，凉山州政府组织编译的《中国彝文典籍译丛·第一辑》（四川民族出版社）的第三卷中收录了冯元蔚、曲比石美等收集翻译的《玛牧特依》，并对部分人名、地名和术语进行了注释。

图4-11 第七十八卷"彝族教典"

（6）2007年，中共昭觉县委宣传部编译的《彝族传统道德教育读本》（内部资料）是根据目前能够收集到的几种《玛牧特依》彝汉文版本进行整理编写，同时参考和吸收了彝族尔比、克智、勒俄等众多彝文经典名著。该读本是《玛牧特依》与时俱进的产物，极具现实意义和推广价值。

（7）2010年，钱丽云翻译的《彝族教典：彝、汉》（云南民族出版社）收录于楚雄彝族自治州人民政府组织编选的《彝族毕摩经典译注：第七十八卷》，本卷采取古彝文、国际音标、汉文直译、汉文意译对照形式，对流传于滇东北罗婺部落故地武定、禄劝一带的"玛牧（教典）"文献进行译注，是了

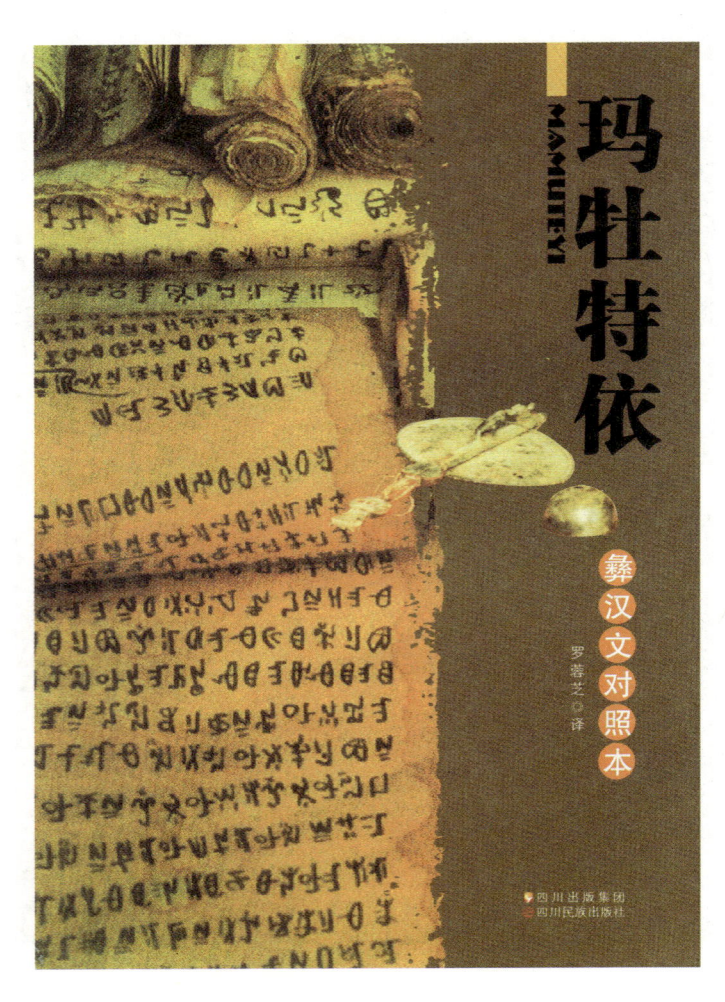

图 4-12 《玛牡特依》

解彝族传统文化思想和伦理道德观的民间文学作品。该书以彝族教典为主，同时附录了与之相关的彝汉天地和人生哲理篇的内容。彝族教典又分祭祀篇、历史篇、教育篇和哲理篇，其中历史篇又分为丕通照矣区域、金峨崮区域、姆峨崮区域、鲁租鲁峨区域、鲁勒峨崮区域、洪额照升区域、堵清峨崮区域、谷清峨崮区域、德朵普峨区域 9 种不同版本，但这部分内容没有年龄的针对性教育，而彝汉天地和人生哲理篇虽然各自篇幅不长，但内容中都有不同年龄段的特征和道德规范，与凉山地区的《玛牧》有异曲同工之妙。

图 4-13 《教育经典》

（8）2011年，罗蓉芝翻译的《玛牡特依·彝汉文对照本》（四川民族出版社）是一部较为成熟的文本。该版本，罗蓉芝采用彝汉文对照的形式对其父罗家修整理的彝文版《玛牧特衣》进行了修订和翻译，同时书末附有术语和句子的注释。

（9）2011年，肖建华、周德才翻译的《教育经典》（云南民族出版社）收录于楚雄彝族自治州人民政府组织编选的《彝族毕摩经典译注：第八十四卷》，本卷采取古彝文、国际音标、汉文直译、汉文意译对照形式编排，是汇

图4-14 《彝族传统道德教育》

聚"玛牧特依（教育经典）"古籍文献的重要读物。其中由肖建华译注的广泛流传于川、滇大小凉山的手抄本《教育经典》（一）和清代四川凉山的木刻本《教育经典》（二）呈现了繁简不同的两种《玛牧》文献版本，是研究凉山彝族奴隶制社会、风俗习惯、伦理道德等的重要材料之一。

图 4-15　《玛牧特依》

（10）2013 年，雷波县语委组织编译的《彝族训世经》（中国文联出版社）是根据毕摩吉侯达席收藏的彝文传世经典为蓝本，精心翻译编辑为彝汉文对照本，共分为 177 章，涉及内容丰富精练，时间跨度较大，诗体风格融会其间，演述诵读朗朗上口。"书源"中记录了该典籍由优特斯尼传阿纪吉觉、阿纪吉觉传海来兹莫、海来兹莫传尚妮兹莫、尚妮兹莫传勒巫阿中、勒巫阿中传毕摩约嘎至毕摩约嘎传毕摩达席的传承线索。

（11）2014年，贾瓦盘加、何刚主编的《彝族传统道德教育》（云南民族出版社），本书除《玛木特依》的独立篇章外，还增补了修养、礼仪、劝学、禁毒、禁盗等28个篇目，以内容相对集中的形式对《玛牧》进行了分解和细化，有利于有的放矢的针对性教育。

（三）彝汉英对照版本

2013年，阿育几坡、朱阿依和郭霞编译的《玛牧特依》（云南民族出版社）是首部彝汉英对照版本，本书为中外专家、学者和彝族文化爱好者学习研究《玛牧》提供了极大方便。

二 《玛牧》的影响

从古至今，《玛牧》是影响力最大的彝族民间文学典籍，堪称指导彝区社会发展的思想武器，占据着指导思想的地位。

《玛牧》的思想内容影响到每个人的衣食住行、农耕放牧、学习生活、为人处世、精神面貌、行为道德、内涵修养、思想情操等方方面面。《玛牧》在传统彝族社会的普及率是最高的，就彝族地区的普遍家庭而言，不一定家家户户都有《玛牧》文本典籍，但是每个家庭的家长都会根据本家庭的实际情况，以其需要的《玛牧》句点和碎片式的《玛牧》内容去教育自己的孩子，因此彝人的绝大部分孩子从小都是《玛牧》经典的耳濡目染者，只是所接触和接受内容的多少而已。即便是到了当今社会，彝族农村孩子进校读书后，家长对他们的家庭教育仍有《玛牧》的成分。在现实生活当中，每个具有公平公正调处纠纷事端能力的德古基本上都是掌握并能熟练运用《玛牧》的人。掌握《玛牧》内容较多或者拥有文本的人就往往成了其他人学习的重要对象，除了直接受其言传身教的学生之外，其他人都是在生产生活、婚丧嫁娶、调解纠纷等场合进行"自然影响"式的学习，一个精通《玛牧》的人其语言、行为、道德、思想、处理事情的方式等都会对周边一定范围内的人们产生良好的影响。可以这么说，能够按照《玛牧》的教导来严格要求自己的人，就是不犯错误的人、接近完美的人了。

从流传至近现代的《玛牧》手抄文本来看，我们从持有文本的人向后反推，追溯其"书源"的时候往往会发现绝大部分《玛牧》文本都传自土司贵人等社会名流之家，如有说是抄自兹莫姆尼家的，有说是抄自慕克什阿尼家的，等等。这种现象说明了《玛牧》在彝区的统治阶层一直有着强大的影响力。

近几十年来，相关部门和个人对《玛牧》的挖掘、收集、整理、翻译、出版、宣传等各方面做出了艰辛的工作，获得了丰硕的成果。特别是《玛牧》汉译本、彝汉对照本、彝汉英对照本的问世，进一步扩大了《玛牧》的宣传面和影响力。但是，玛牧文化在彝族地区日渐面临濒危的现状，也是很多民族文化共同的命运。

第五章　毕摩绘画

第一节　毕摩绘画概述

毕摩是西南彝区从事宗教仪式活动的彝族祭司。毕摩是彝语的音译，各地因方言有异，也有称毕摩为"比目"、"拜码"、"毕磨"、"贝摩"等。"毕摩"一词是北部方言彝族的汉译音，"毕"有"说教"之意；"摩"有"大师、教师、学者"之意。毕摩在彝族社会中其地位是很高的，仅次于兹和莫。在彝族习俗中有"兹拉毕阿凳"之说，意为土司酋长到来，毕摩不用让座位，因而毕摩在彝族人中的地位之高贵可见一斑。

图 5-1　正在绘画的毕摩

图 5-2 传承久远的毕摩绘画

毕摩绘画，彝语为"毕摩卜印"或"毕摩卜印布"。毕摩绘画是彝族传统的绘画之一，是云、贵、川、桂四省区彝族毕摩们描绘并创作出的绘画作品。在四川主要以凉山彝族自治州美姑县、昭觉县、金阳县、布拖县的毕摩绘画为代表，它是彝族祭司们把其画描绘在经书里、鬼板上、鬼神偶像上等的图画语言，是彝族人的绘画之源，具有悠久而深邃、古老而神秘的历史，古往今来，毕摩绘画深藏于大山深处彝族民间，而未能引起学术界的关注，也没有人对其进行过系统的挖掘、整理、研究。因此，毕摩绘画有很大的挖掘整理和研究空间。

毕摩绘画是由彝族祭司毕摩描绘在纸张、兽皮、树皮、竹简、石头、木板等载体上，形成经书插图画、皮面画、布面画、石版画、木版画等种类的绘画，是彝族远古绘画艺术的"活化石"。

在彝族北部方言区，毕摩绘画以处于大凉山腹心地的美姑县、昭觉县等为最多，尤以美姑县最具典型。毕摩绘画是彝族古老文明延续的载体，具有独特的艺术魅力和重要的研究、开发价值。在工具与材料的运用上，呈现出简易、单纯、原始、自然的状态。凉山彝族祭司毕摩们仅用较为粗糙的竹签、自制毛笔蘸墨或颜色在纸张、兽皮、树皮、麻布、竹简、石头、兽骨、木板等上描绘出富有自我艺术语言风格特色的图画作品，主要有经书插画和尾花、皮面画、布面画、石版画、木版画等种类，它是通过绘画与文字相互配合的形式来叙述故事，塑造形象，抒发情感，主要反映彝族人的历史人物、神话传说、劳动生活、天文历法、日月星辰、狩猎战争、异域世界等文化历史题材，表达彝族人的审美情趣和生活愿望，是族人远古绘画艺术的延续与传承，具有彝民族传统绘画的综合艺术审美特质与独特的宗教色彩，同时又具有鲜明的民族特色和地域文化特点。

一　毕摩绘画的起源

毕摩源于彝族父系氏族公社时代的祭司。据《帝王世纪》记载，在彝族始祖希母遮的第二十九世武洛撮之时，出现了祭司——称密阿典（即今天的毕摩）。"毕摩文化是由毕摩们所创造和传承，以经书和仪式为载体，以神鬼信仰与巫术祭仪为核心，同时涉及包容了彝族的哲学思想、社会历史、教育伦理、天文历法、文学艺术、风俗礼制、医药卫生等丰富内容的一种特殊的宗教文化。"[1] 由此可见，毕摩绘画是博大精深的毕摩文化艺术领域里一颗还未深入研究的神秘宝石。

毕摩，汉文献中有"呗毛"、"呗磨"、"鬼主"、"都鬼主"、"拜玛"等不同称谓，是彝族远古"政教合一"时期的部落酋长，后来逐步蜕变为专掌祭祀、载史、占卜之职的祭司，是彝族民间唯一专门掌握着族人系统文化的原始绘画艺术与文字的群体。

相传，远古时期，在今云南保山、点苍山一带，毕摩大师恒史楚和大工匠苟阿娄创造发明了图画文字和文献，开始记载历史，后世的大毕摩特毕乍木、举奢哲、恒也阿默尼先后承袭，写画了大量连图带文、图文结合的自然、人类、社会、异域世界等不同内容、经典的典籍，并由此逐渐诞生早期的毕摩绘画。

毕摩绘画是毕摩在其文献和毕摩仪式过程中使用的重要的造型艺术之一，它存在于毕摩经书中，或以与祭祀、仪式有关的纸张、兽皮、树皮、竹简、石头、木板等为载体，分布于川、滇、黔、桂四省区的彝族民间。据《彝族源流》载，早在艾哺时代（母系氏族社会），"艾哺好女根，传到娄师颖……手里写知识，连写在锦上，锦上花琅琅，书卷好比日生辉，图画好比月生光"。《苏颇·梅亥苦苏》载："唐支（远古彝族首领）用彝经，兴了祭祀礼。额氏驾崩时，候荣来念经。"

诸多史料证明，毕摩绘画可追溯到比彝文更古远的年代。应该说毕摩的历史有多长，毕摩绘画的历史就有多长。额毕驷乌是神话故事中彝族神职人员毕摩的鼻祖。其生存年代大约是在距今一万年前的旧石器时代母系氏族时期，即传说中的伏羲时代。大约在距今五千年前的新石器时代父系氏族公社早期，传说中的黄帝时代有昊毕始祖、提毕渣姆等毕摩。他们为毕摩绘画和彝文字的创造、彝文化的传播作出了巨大的贡献。由此可见，毕摩及毕摩绘画始于母系氏族时期，成熟于父系氏族时代，并在之后不断得到发展。

两千多年前，凉山彝族社会由游牧社会转入农耕社会，当时的毕摩提毕渣姆与昊毕始祖围绕"仪式制度"的改革进行了彝族文化史上著名的口头

---

[1] 陈长友：《黔西北彝族美术》，贵州人民出版社1993年版。

论辩，据传当时就有了书与皮张的绘画和文字的记载。凉山毕摩文献《毕补·颂毕》记载：一代毕摩宗师勿勒邛部（东汉时期）"聪明智慧高，心灵手亦巧，承继前贤学，去粗存精华"，"取墨画怪灵，取简写经典，经典存箱柜"。之后就是距今1170年前，凉山彝族曲涅支系第十一代世孙的阿都尔普，进一步传承毕摩经文和毕摩绘画，发扬毕摩文化。到了距今不到一千年的宋末元初时期，便是大名鼎鼎的阿苏拉则，他在彝族近古历史上承上启下，系统地整理和规范了包括毕摩绘画在内的大量的彝文宗教经典，撰写数量繁多的毕摩咒经，可见，毕摩绘画源远流长。

图 5-3 毕摩阿苏拉则铜像

毕摩通常以竹、木削制成笔，蘸用牲血调锅烟灰制成的墨汁，在纸上或木板上进行作画，且不打草稿，凝神定气，一气呵成，不加雕琢，线条简约流畅。

毕摩绘画通常分为两类：一是毕摩文献上的插画图解，二是在木板、石板等上的图画符号。毕摩文献上的绘画始终与文字相配，多在扉页或末尾几页，画上图画并配以相应的文字来表达思想、抒发情感，多以反映天地万物的演变、古代英雄人物降妖除魔为民除害、古代战争中的排兵布阵、日月星辰等天象、彝族先民迁徙路线、动物植物，甚至异域世界的邪魔鬼怪等为内容。

千百年来，彝族毕摩祭司们以绘画的形式表现着族人对图语的认知和情感造型，具有悠久的历史和深远的学术研究价值。众所周知，在彝族古代历史上，毕摩是彝族文字的创造者和传播者，也是毕摩绘画的创造者、传承人。从现存的彝文古籍中可以看出，毕摩绘画的历史可以追溯到图为文、图为字的象

图 5-4 毕摩在绘画

图 5-5　毕摩插枝图

形文字以及更久远的原始混沌的时代。"彝族作为我国古老的民族之一,她的文字从西安半坡出土的彝文陶片算起,迄今已有四千多年的历史。"从那时候推算,毕摩绘画比彝族文字的历史还要久远。

　　古代历史关于彝族毕摩绘画的传说有很多,这当中有口头传说也有经籍的记载。著名毕摩大师阿苏拉则,有一女儿叫拉则使瑟,她虽为女儿身却酷爱做毕,在那传毕传男不传女的男权社会,有关于她女扮男装学毕做毕活动的诸多故事。传说她学会了父亲高超的法术,精通"万能经书",有神奇的法力:

"画马马能飞,画鹊鹊能喳,画龙龙能舞;并能降妖除魔,解人之危。"此为关于毕摩绘画艺术较早的传说之一,充分说明了绘画作为彝族毕摩原始宗教活动的一种方式,已深深地植根于毕摩文化之中。

二 毕摩绘画的传承与变迁

在彝族历史的长河中,无论古代,还是当下,毕摩在彝族群众的生产生活及精神领域中都有着深远的影响。毕摩掌握并传承着本民族古老而久远的文化知识。浩如烟海的毕摩经书,内容涉及政治、经济、天文、地理、伦理、军事、传说、史诗、医药、占卜、家谱、文学、艺术等,可谓博大而精深。毕摩绘画就是毕摩们运用绘画艺术的方式表现其文化内容的一部分,它是彝族传统绘画的源与根,从古至今,彝族毕摩们一直对其进行深层挖掘和整理,不断赋予其创造与传承,使其始终处于变迁之中。

(一) 古朴而神秘的四川凉山彝族毕摩绘画

凉山彝族毕摩绘画大多在兽皮、羊皮、白布、毛编纸、书写纸、木板上,用原始的竹签笔或自制毛笔蘸墨(动物血或矿物质颜色)来描绘,其技法为大凉山彝族毕摩特有的"内质结构画法",即"根骨画法"或"髅骨画法"。它是用"点"或"线"从内往外画,先画内在结构,后构成整体图形乃至完整画面。凉山毕摩绘画独有的"内质结构画法",在造型形态上以再现形、随意形、抽象形为主。以黑白块面和线描的语言描绘"太阳神"、"月亮神"、"支格阿龙"、"龙凤"、"怪兽"等,以随意、扭曲、繁复的线条和点塑造彝族人原始古老的精神世界,以鬼魅古怪的形态达到二度平面上的符号化的纵横驰骋效果。众多的凉山彝族毕摩绘画,给人以"古朴"又"神秘"的视觉感受。其画风无疑是"纯粹"的、"绝对"的、与众不同的,与中国古代其他图形描绘方法有很大的差距,具有古老的彝民族独特的审美趋向和玄学审美特质。从这个意义上讲,凉山彝族毕摩绘画可谓是最原汁原味的"原始派"、"原生态"。它是历史封存下来的、不受任何外来绘画影响的原始图画风格语言。

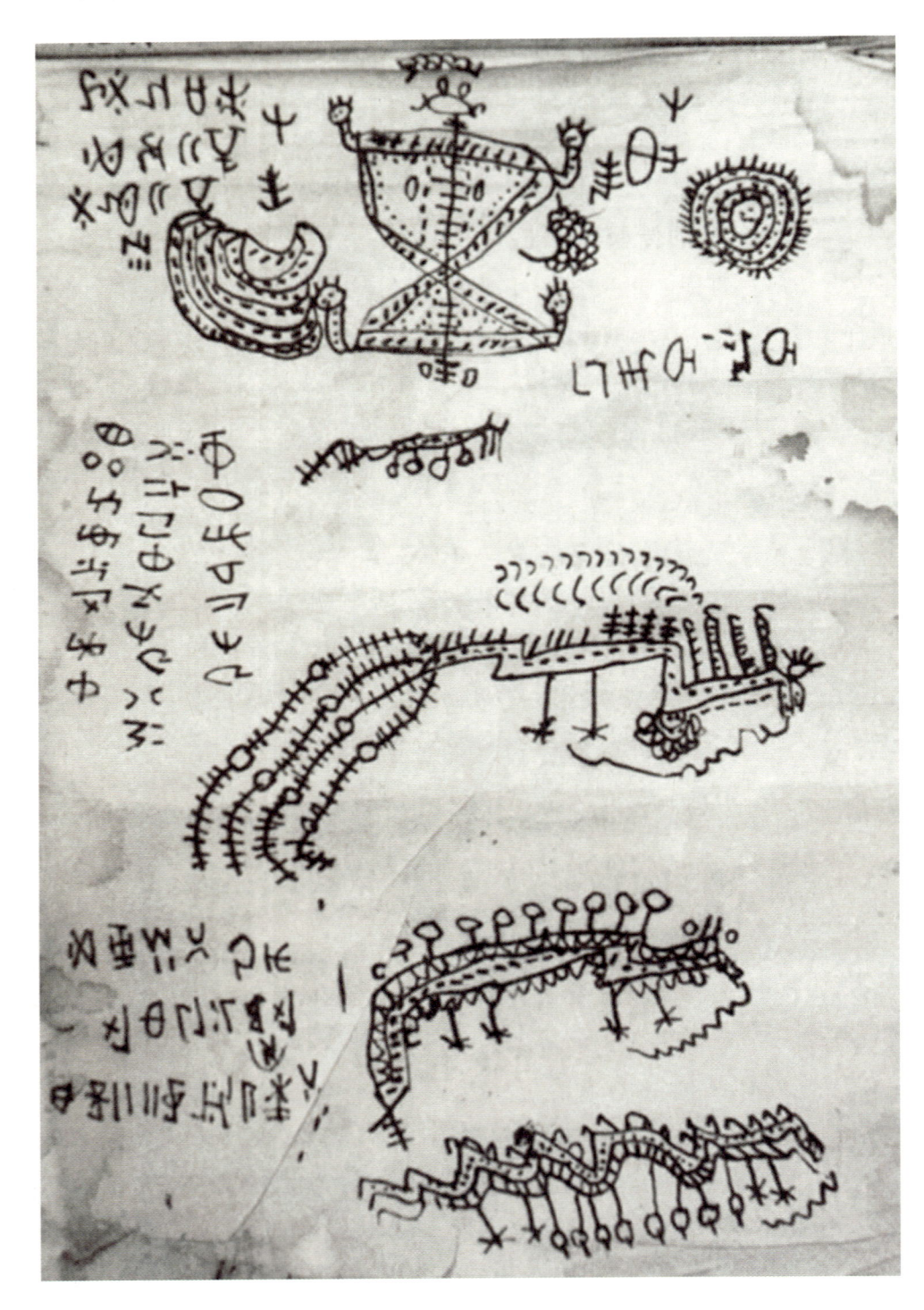

图 5-6 凉山彝族毕摩绘画

(二) 古朴向现代过渡的黔西北彝族毕摩绘画

与凉山彝族毕摩绘画相比，黔西北的彝族"那氏"画和"彝文古籍"插图，无论是工具与材料都明显更接近现代绘画，所用的纸大都为具有"中国画味"的毛边纸，部分作品从技法语言到表现形式已有受外来绘画影响的痕迹。在用毛笔绘制的基础上，已经把绘画能力提升到了研究多种颜色和使用色彩上面，并用不同色彩描绘不同的物象。这里有一则对"颜色由来"的阐释：

  远古哎出现，哺形成以后，东南西北，四种颜色，做一起出现，天地的东方，出现了青色，天地的南方，出现了红色，天地的西方，出现了白色，天地的北方，出现了黑色，就在这期间，出个举腮则，画华丽的图，绘美丽的景。①

研究色彩无疑是绘画走向成熟的一个标志，任何一种绘画艺术都离不开对色彩的研究与探索，黔西北彝族毕摩绘画熟练地把握红、黄、

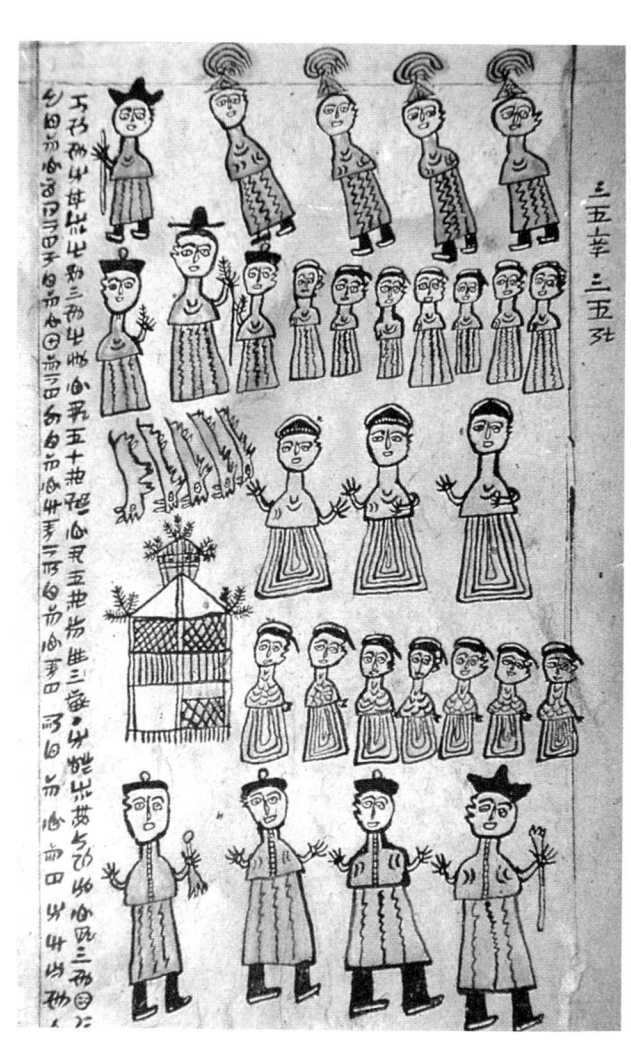

图 5-7 黔西北彝族毕摩绘画

---

① 张纯德：《彝族古代毕摩绘画》，云南大学出版社 2003 年版。

蓝、绿、紫等多种颜色,在线条基础上,赋予更丰富的色彩描绘手法,营造出生动、有趣、随意而不失魅力的"那氏"、"彝文古籍"插图等,在色彩的处理上,更多地运用"平涂法"、"罩染法",在色彩的多层重叠与调配上找寻出更多的语言和符号模式,这就大大拓展了毕摩绘画风的艺术魅力,同时也折射出彝族传统绘画向彝现代绘画过渡的脉络和轨迹。

(三) 具有现代审美特质的云南彝族毕摩绘画

古代云南彝族毕摩绘画在艺术表现手法上具有独特的个性,完美地展现了传统的文化内涵。艺术语言符号上,在保持着彝族人审美情趣基础上,许多作品已明显受到了外民族绘画的影响,如《兵勇出征》《听天由命》等画中就吸收了许多外族绘画风格语言的技法特点,《听天由命》画面中还有汉文书写"前世事也"的字样。其用笔、用色等表现手法都已受到外来绘画的影响,有些绘画语言与西方现代野兽派画家马蒂斯的风格惊人相似。由此可以证实云南毕摩绘画已较早地呈现出向现代"彝画"探索的旨向,无论是云南本土留存的彝族毕摩绘画,还是由云南民族大学张纯德教授所收集到的珍藏在法国亚洲图书馆的毕摩绘画,许多作品明显地力透着现代毕摩绘画的审美旨归,诸如《奉献思孝》《龙凤朝阳》《鹿鹤同春》等。这些作品就像活史料一样,反映现实生活的题材居多,以具象表现的手法描绘古代彝族社会各阶层师、匠、百姓和奴隶等的形象。君端坐于上堂或骑马或坐骄巡视、狩猎,前呼后拥;臣端坐于案堂料理诉讼,案前有跪着受刑杖的案犯;毕摩则立于祭场,一手持神铃,一手持彝经或神枝,地上插有神枝或摆有祭品、祭牲,一派庄严肃穆的景象;除此以外,还有表现百姓劳动的场面,画面中有不少耕地、种田、插秧、五谷丰登、粮食满仓的场景;或反映丧葬祭祀习俗,婚姻嫁娶,商品贸易,兵俑出征,放牧饲养鸡、牛、羊、猪、马等,其题材涉及政治、经济、文化、军事、习俗等。作品以毕摩绘画特有的"笔墨"、"线条"为主要表现语言,直观展现了彝族社会不同地域、不同人群、不同习俗、不同服饰的生活场面,是彝族先民古代社会生活的缩影,对云南彝族历史文化的研究具有很好的参考价值。

在众多的滇彝毕摩绘画中,我们可目睹到生动朴实、笔法娴熟、色彩绚丽、图文并茂、构思奇巧的具有现代绘画审美趋向的毕摩绘画。这些熟练的图式体现出云南彝族毕摩绘画已进入一个崭新的阶段，形成与川、黔彝族毕摩绘画不同的全新的审美理念的"现代彝族毕摩绘画"。许多作品已经能展示笔墨意识，有浓墨、淡墨、肌理、构成等，用笔有中锋、侧锋并用，虽没有国画中所推崇的"墨分五色"的用墨理论层面，但也能让观者感受到毕摩绘画用笔随意、造型夸张的绘画方法，还能使用多种色彩描绘作品，对红、黄、普蓝、湖蓝、紫色、褐色、深绿、浅绿等多种颜色的灵活运用，使绘画具有色彩艳丽而奔放的效果，让人回味无穷，充分反映了云南彝族毕摩绘画已步入一个全新的、成熟的阶段。

云南彝族"毕摩绘画中常用红、黄、绿、白、黑等五色，每种颜色都有其丰富的内容，表现了彝先民的五色观。这'五色'，象征金、木、水、火、土'五行'，认为这'五行'是构成世间万事万物的基本物质"。[①] 从中也可看出彝族毕摩绘画色彩与宗教文化间不可分割的联系。

图 5-8　云南彝族毕摩绘画

[①] 张纯德：《彝族古代毕摩绘画》，云南大学出版社 2003 年版。

综观川、黔、滇三地彝族毕摩绘画，可清晰梳理出三地毕摩绘画风格特色的异同，三者间的联系与变化。四川凉山彝族毕摩绘画因少与外界绘画交流，到今天还封冻在原始、古老、朴实的风格语言上，凸显出古朴而神秘的原始符号化特色。贵州黔西北的彝族毕摩绘画，已不同程度地受到外界绘画的冲击，故处于古朴符号向现代图式过渡的阶段。云南彝族毕摩绘画大部分作品则冲出"原生态"的束缚，对外民族的绘画兼收并蓄，具有全新的现代图式化趋向。三地毕摩绘画既有联系，又有区别，其作品无论表现自然崇拜、图腾崇拜、祖先崇拜、英雄崇拜等，都是从彝文化深层"内质结构"入手，用浓厚彝味的表现手法生动系统地图解、释义彝族人民的物质生活与精神生活。难能可贵的是众多作品表现的是同一题材，但表现形式却无一雷同，充分表明毕摩绘画师的绘画技巧已达到了相当高的水平。在具体的技法中点、线、面穿插运用，从黑白到色彩中寻找到"画骨"与"画灵"的特殊风格，也充分体现了从四川凉山彝族毕摩绘画的古朴原始到贵州、云南彝族毕摩绘画的现代绘画语言的拓展与深化，正因如此，西南彝族毕摩绘画更体现出其五彩斑斓的审美取向，同时给深入系统地研究毕摩绘画提供了广阔的天地。

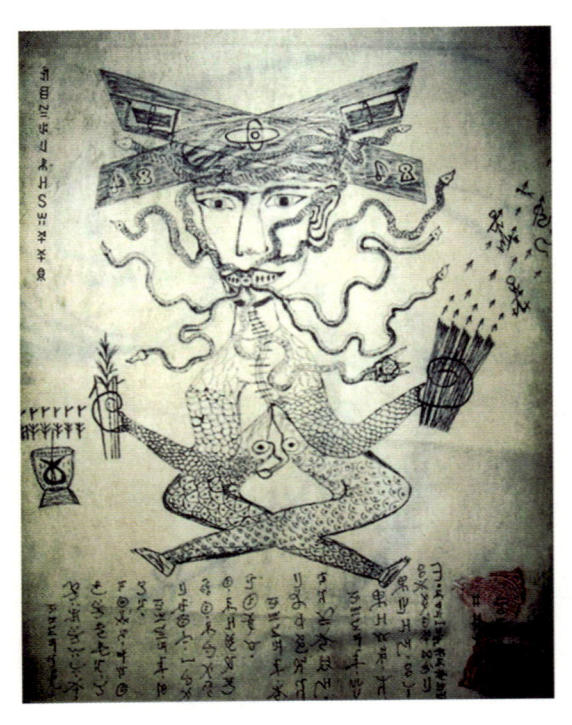

图 5-9　阿普阿萨图

云、贵、川现存的诸多毕摩绘画作品，蕴藏着丰富的文化艺术内涵，它既有祖先崇拜、自然崇拜、图腾崇拜和原始朴素的唯物宇宙观的深层含义，又有古代原始艺术的审美情趣，是古老的彝民族审美观念的保存与延续，应该说也是中华民族绘画领域的一笔宝贵财富。现存的诸多作品明清以后的居多，由于年代的久远，古代早期毕摩绘画大多已被漫长的岁月所湮没。庆幸的是，仍有不少当代彝族毕摩在祖宗留下来的毕摩画基础上进行着不懈的创造与探索，不断继承并拓展着这一本土的原始宗教绘画。

三 毕摩绘画分布区域及其传承人的存续状况

（一）毕摩绘画分布区域

毕摩绘画分布于川、滇、黔、桂四省区广大区域的彝族民间，这里主要介绍的是四川省大小凉山彝区毕摩绘画，而大小凉山又以美姑、金阳、昭觉、布拖四县流传较多，其中美姑县为公认的核心传承区，被誉为"毕摩文化之乡"。美姑毕摩画分布于巴普镇、拉木阿觉、依果觉、合姑洛等乡镇的200多个村寨中。

美姑县位于四川凉山彝族自治州东北部，大凉山主峰黄茅埂西麓，东邻雷波县，西接越西县，南连昭觉县，北毗乐山市峨边彝族自治县，西北与甘洛县连界，东北同乐山市马边彝族自治县接壤，距州府西昌169千米。因美姑县特殊的地理位置，历史上交通不便，封闭隔绝，属于凉山彝族腹心地带，保留了

图 5-10 举行"尼木措毕"祭祀仪式

大量完整、原态的彝族文化。这里还是凉山彝族祖先古侯、曲涅分支合盟之地，也是一代毕摩宗师阿苏拉则生长、活动的地方。

（二）毕摩绘画传承人存续状况

毕摩绘画以大、小凉山为分布重点，在大、小凉山范围内又以美姑、昭觉等彝族聚居地区为代表，尤其是美姑县境内，因毕摩人数多、文化积淀深厚、风格独特、内容丰富、形式多样而享誉国内外。在有"毕摩文化之乡"之称的美姑县，谙悉毕摩绘画与古老符号系统的大毕摩不足十人，其中最大的78岁，最小的也有40岁，随着外来文化的冲击与彝族民众价值观的演进，会熟练地进行毕摩绘画的毕摩越来越少，而愿意继承前学的年轻人更是少之又少。其原因如下。

一是毕摩文化存在的社会基础在日渐消失。随着经济技术的发展、生产力的极大提高和人们视野的扩大，特别是现代医学传入彝区，缺医少药现象得到了很大的改变，毕摩文化的思想基础日益消失。二是毕摩文化历经摧残。民主改革前，完整地保持着奴隶制度的美姑几乎处于与世隔绝的状态。民主改革后，毕摩文化历经"三反五反"、"文革"等政治运动的冲击，特别是"文革"中，毕摩被批斗，甚至被视为专政对象入监坐牢，大量毕摩文献与绘画被没收和销毁。三是现代旅游业的发展，加快了毕摩文化的异化。文化旅游一方面给地方经济开发注入了新的活力，打破了封闭的状态。另一方面为了发展需要，人文旅游包装使原生文化产生了新的变形，毕摩绘画艺术后继乏人。目前，彝族毕摩绘画两位省级代表性传承人简况及谱系如下。

（1）曲比阿伍：男，彝族，1946年生，四川省美姑县牛牛坝乡约莫伙村人，系杨古苏布学派。其传承谱系为：杨古苏布→苏布马恩→马恩马安→马安都拉→都拉约地→约地约尔→约尔阿祖→阿祖坡伍→坡伍尼惹→尼惹维生→维生维恩→维恩嘎阿→嘎阿尔果→尔果比惹→比惹署伙→署伙阿拉→阿拉约特→约特比俄→比俄洛俄→洛俄拉惹→拉惹阿伙→阿伙吉都→吉都克比→克比吉体→吉体比祖→比祖克尔→克尔尼图→尼图阿伍。

（2）吉克伍沙：男，彝族，1965年生，四川省美姑县拉木阿觉乡吉觉黑马村人，系阿苏拉则学派。其传承谱系为：阿苏拉则→拉则格粗→格粗格依→

格依格果→格果阿子→阿子宜尔→宜尔吉皮→吉皮吉莫→吉莫比曲→比曲俄古→俄古比克→比克阿天→阿天毕天→毕天吉克→吉克吉布→吉布说波→说波哈日→哈日阿子→阿子普莫→普莫尔维→尔维克惹→克惹比格→比格尔布→尔布约嘎→约嘎尔勒→尔勒古达→古达曲依→曲依伍沙。

图 5-11　毕摩绘画省级代表性传承人吉克伍沙

第二节　毕摩绘画的内容与分类

一　护法防卫类神图

此类图画主要在凉山彝族毕摩《鲁抵特依》和《节古特依》类经书中，其题材主要来自彝人传说中的创世英雄支格阿龙图、龙凤图，还有日月星辰等神秘宇宙领域的图像。这些图像大多用竹签和自制毛笔来绘制。以锅烟灰、动物血或赤土为颜料，以单线勾勒或单线平图点线结合为主，造型怪异。俗话说：" 画龙画虎难画骨。" 而毕摩绘画却多从内质结构去描绘对象，观物之表而绘物之里。这种技法是毕摩绘画师自己想象的结构画法，并非客观真实的物象结构，是一种毕摩们所运用的符号化的图画结构语言，给人以原始、古朴、富有稚气的装饰美感。

在图 5 – 12 这幅画中，画面布局分上、中、下三个部分，上面部分为太阳神和月亮神，中间为彝人传说中的创世英雄支格阿龙。关于支格阿龙的传说很多，在彝族史书《勒俄特依》中是这样记载的："远古的时候，有个濮部落，该部落里有位如天仙般的美女叫濮嫫列依。有一天，濮嫫列依坐在村口的坝子上织布，天上突然滴下三滴鹰血，滴在濮嫫列依的百褶裙上，鹰血穿透了九层裙布，濮嫫列依就此怀了孕，不久生下了支格阿龙。支格阿龙出生后，不分昼夜地大哭，于是被母亲濮嫫列依抛弃了。"后来"瓦里（悬崖）龙母"将支格阿龙抚养成人。所以，支格阿龙的原名叫"吉支格阿龙"。"吉支"为鹰之意，"格"则为"合"之意，"阿龙"是龙的尊称。顾名思义，"吉支格阿龙"的得名源自鹰、龙、人合一的化身，这也是支格阿龙名字的由来。从中可见古代彝人对鹰、龙的崇拜，也反映了古代彝人的图腾崇拜。传说支格阿龙长大后，勤练本领，智勇双全。他骑着"双翼神马"云游四方，为民除害、斩妖除魔，射死多余的日月，除掉无恶不作的恐龙，至今妇孺皆知。支格阿龙成了千百年来彝族人民传颂的英雄。毕摩绘画师们紧紧抓住这一彝族人喜闻乐见的题材来描绘，图中毕摩绘画师把支格阿龙安排在画面的主体位置，支格阿龙左手拿着铜做的弓箭，右手拿着铁叉，头戴铜帽，身披盔甲，骑着飞马，张开的大嘴露出有力的牙齿，更引人注目的是支格阿龙的下身画上了象征男人标志的生殖器，彝族古老的生殖崇拜在此画中得到了充分的体现。画面的下部分是一个怪神，传说很古的时候，怪神常到人间食人，最后被支格阿龙消灭，挽救了生活在水深火热中的人类。从这幅画中可以看出毕摩绘画的独特艺术魅力。画面主次布局安排得当有序，造型夸张变形，具有符号化的平面装饰效果，古拙的点线描绘疏密有致，主体突出。

龙凤图也是毕摩经书中很常见的画，在图 5 – 13 中，画面主要描绘了彝族的图腾龙和凤，虽然各个民族的绘画中都能见到龙凤图，但毕摩绘画师笔下的龙凤图造型传达给人们的感受别具特色，具有独特的审美价值。其主要体现在

图5-12 画有支格阿龙和太阳、月亮等图案的毕摩文献

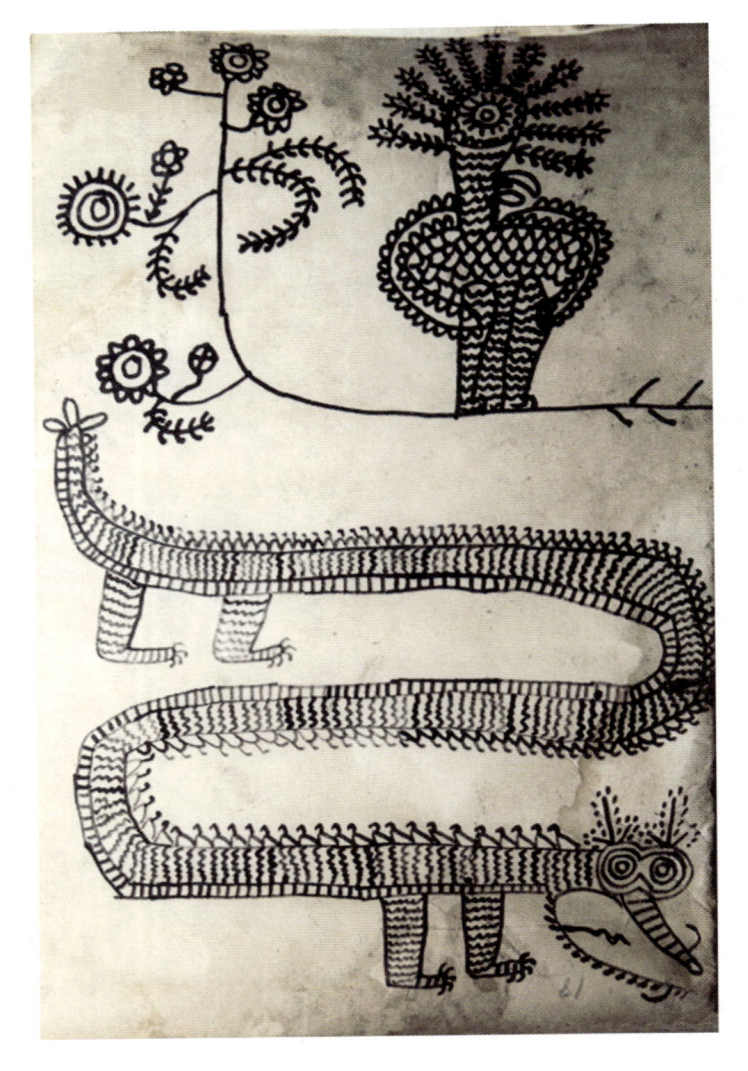

图 5-13　龙凤图

大多数龙凤图更多的是注重对外观的描绘，诸如表现羽毛、鳞等肉眼所能直接看得到的外形色彩造型，而毕摩绘画则以线条为主要语言从内往外画，更注重表现对象本质的内在的骨骼结构，即一种轻表重里、注重根骨的内质结构画法。在此画中龙在下方腾跃，凤在上方飞舞，二者相互呼应，既象征阴阳和谐相生，又象征一种神的化身，点线结合，线条饱满有力，充分体现了毕摩们"内质结构"画法的魅力，画面上还配以古彝文字书法，构成了相得益彰的画面效果，使之形成一种独特的彝族原始宗教文人画。

二 祭祀神座图及插图尾花

神座图又叫插神枝示意图，是毕摩绘画中最常见的一种图。什么是插神枝呢？它是彝族毕摩在举行宗教超度送灵祭祖仪式活动中，带有装置及综合艺术趋向的一种方式，是以宗教法场为载体的一种艺术活动形式，毕摩们根据天象星座把神枝摆布成星座或用综合材料扎成人物神、动物神等图形大小不等的法场，据毕摩们讲，规模宏大的超度送灵活动中插神枝占地面积可达数亩，可见其壮观的场面。插枝示意图乃为实地插枝的图纸，这种图纸既有约定俗成的，各支系毕摩间也是有所区别的。用兵布阵图与星象图位，也是毕摩文献绘画中最具特色的大类，一般附于每卷文献的末尾，画法简单明了，如画一颗星则只画一点，三星则画三点表示；军事布阵图则按布局模式，画若干竖线代表执叉执戈执斧方阵，画主帅则画一圈代表，画山川地理则根据特征画小石、小树、水凼等简单符号表示，并在相应部位用文字注明，气势恢宏。

插图尾花是毕摩绘画中的一种装饰画形式，它往往在经书文字段落与段落之间起分隔作用，在经书画面空白处起到填充和装饰美化经书版面的作用。

三 驱鬼除患类木板画

彝族毕摩作为宗教神职人员，在传承着彝族传统文化的同时，也要举行其原始宗教驱鬼、意念驱鬼、请神驱鬼（请安萨驱鬼）等诸多的仪式活动，在这些驱鬼除患的仪式中，涉及"尼瓷斯堡杰"的制作，即驱鬼除患类木板画，又叫鬼板画的制作。这类画主要在木板上绘制，大致在木板上描绘所驱之鬼的形象，并附上咒语文字，使图画与文字相得益彰，具有神秘的彝族宗教绘画语境之特色。

毕摩在木板上的绘画，画天地人间有固定的程式。最上面三道横线中间插入一条竖线的符号代表"天"，往下一条横线两端各画三道弧线的符号代表"地"，接着是日月图符，月亮通常被画成半月牙形，再加上些折线和若干点或小圆，太阳画成几重圆圈再加上若干点，然后以多行排列的点代表星辰，三个小的左右半弧一组符号组成"雾"等。

图 5-14　驱鬼木板画

石板画主要有防冰雹、防滥砍滥伐、神图等。此类毕摩绘画从材质运用和媒介载体看，具有综合艺术的形式和趋向。

四　占卜绘画

占卜是一种宗教领域的普世文化现象，从古代到 21 世纪的今天，宗教与文化中都有占卜的存在。"占卜"彝语为"柞莫"、"柞数"等。其绘画也是毕摩文化中一个较重要的内容之一。这类绘画主要体现在黔西北彝族毕摩绘画的《尼哈数》和《柞数》中。如《尼哈数》是用甲干、属相、五行、八卦、九星、二十八宿预测气象，推算吉日良辰的书。这类书包罗了相当丰富的天文学知识。根据星斗运行、物候、气候变化制定历法，划分年月，属相月的确立，季节、节气、大月小月的划分及其运转规律的总结，反映出彝族天文历法自成体系的特点。其绘画插图多为图画、示意、符号的组成。

"柞数"为推算书或预测书。它是彝文古籍中插图最多的一类，画的内容是鲁補（九宫）、亥启（八卦）、翁迤（五行）、米遮（天干）、莫颖、九星、二十八星宿（以动物为名）推算（预测）人生等。分《措洪柞》《陡柞》《米遮柞》《益吗柞》《乃笃柞》《细柞》《呆柞》《吉禄柞》等。《吉禄柞》篇幅居《柞数》之首，它把人分为 60 个属相年类 720 个属相月类 8640 个属相日类 103680 个属相时类。对 103680 个类型的人进行预测，涉及家庭和社会各个方面。对一般的人生规律做总结，对有关人生哲学进行研究正是其绘画图解的创作基础与探索。

第三节　毕摩绘画的形式表现及艺术特征

一　毕摩绘画的形式表现

（一）造型多样

彝族毕摩绘画在造型表现上主要以人物、动物、植物、日月及神秘宇宙的造像为主，来源于客观世界中，在客观物象的基础上赋予主观的意向造型处理，因此，彝族毕摩绘画也体现了来源于生活而高于生活，具有造型多样、风格各异的再创造审美旨归。

一是毕摩绘画以点线结合的表现方法来绘画，遵循画骨法造型的原则，由里及表注重结构造型的方法来塑造形象，讲究结构特征，形成独特的结构画法。

二是追寻毕摩艺术的独特性，强调变形、怪诞、神秘、空灵、断裂、残缺等怪异的画风，具有拙稚古朴、浑然天成、神秘而率真的艺术表现性，程式化中又凸显生动感，具有原始宗教的神秘性，同时力透着独特的民族韵味。

三是毕摩绘画时时处处体现着"书画合一"的古老传统，凡画必配有文字，以图释文随处可见，且在许多图画中，表现出亦画亦字、图文并茂的特征，具有独特的彝族文人画特点。

图 5-15 尔滋额莫图

(二) 构图别致

构图是一幅画赖以存在的骨架,在中国画中叫经营位置,任何绘画都离不开适合自己画风的构图,毕摩绘画同样具有自己特色的别致的构图法则。在凉山毕摩绘画中,对称式构图和平衡式构图较为常见,相比之下,变化式构图、水平线构图、三角形构图等构图方式却常见于贵州、云南等省的毕摩绘画作品中。四川凉山毕摩绘画在构图运用上具有程式化的架构趋势,使画面趋于对称、平衡、拙稚的统一风格,在画面架构方式上具有一定的单一性,凸显凉山风味的独特魅力。而云贵毕摩绘画则具有一定的东方艺术遗迹，构图变化多端，呈现活跃的多种构图并用的趋向。

图 5-16 孔雀图

（三）线条随意

总体来看，毕摩绘画是一种线的艺术。凉山毕摩绘画以随意的线条为主，以点为辅，点线交错结合。"仰则观象于天，俯则观法于地，观鸟兽之文与地之宜，近取诸身，远取诸物"，用俯仰天地、神游太虚的艺术观照法，以心领神会，将心中之"象"自由地组织在一起，以抽象手法，舍弃了那些眼睛可视但被认为是不重要的内容，而对眼睛看不见的但是认为是本质的部分详细地用点、线、面方式描绘出来。抓住"骨"这个本质特征，而舍其客观外形轮廓，画物之主观"骨"像。

宇宙中的物体，高远而神秘，往往是最容易引发古人遐想的神圣之物，这在毕摩绘画中占了十分重要的位置。彝族画日月星辰等天象，往往取其形似。如日月图以几近"简笔画"式的形式，取日月之"骨"像，并沿骨架线两边加以"之"字纹或"一"字纹或小圆圈填充四周，以表示日月之光，再画点装饰;画云雾则以向上弯曲的数个符号排列一起表示;画雷电则画折弯的符号,以表示急促而有力。

图 5-17　支格阿龙与飞马图

动植物的画法更体现了毕摩绘画取其骨像的"画骨"之风。以鸡的造型为例,以一根曲线代表身子,联结起头、翅膀、腿脚和尾巴,只用不多的线条画出了一只鸡的形象,可谓极度的简约;相较之下,在各个局部,用了较多的短线条重点描绘了"九"牙形的鸡冠、五指的鸡爪、翅膀以及尾巴,甚至用一个点和小圆圈标示出了鸡的眼和鼻。同样,蟒或凤凰的画法,在其主干的躯体部分,只用简单的线条画其"骨"貌,而在其身上则以无数的小圆圈或半圆形或画点等符号装饰，相较之下则以更多的笔墨突出其头和其尾，以突出被认为是重要的部分。画马与牛之形象，突出牛角和马尾，抓住各自的特征，还从功能上加以区别，即马背上载了人，牛拉了犁。画蛇就是一条蛇的简笔形状，画鱼只画鱼骨头，画人则画人的骨架结构，画树则取几笔枝干，与古彝文字如出一辙。万变不离其宗，都以随意的线条来表现物象。

（四）色彩单纯

在西南彝族毕摩绘画中，凉山彝族毕摩绘画还处于设色种类少、以单一色作画的原始绘画状态，其方式形成了独特的凉山型毕摩绘画，较为完整地保留了原始、古朴、黑白素色的面貌，属于黑白或单一色作画的绘画效果。它用自制的笔墨和颜色来描绘对象，少有丰富色彩描绘的作品，这也许与封闭而原始的凉山毕摩文化相关。在众多凉山彝族毕摩绘画中，多使用单色来描

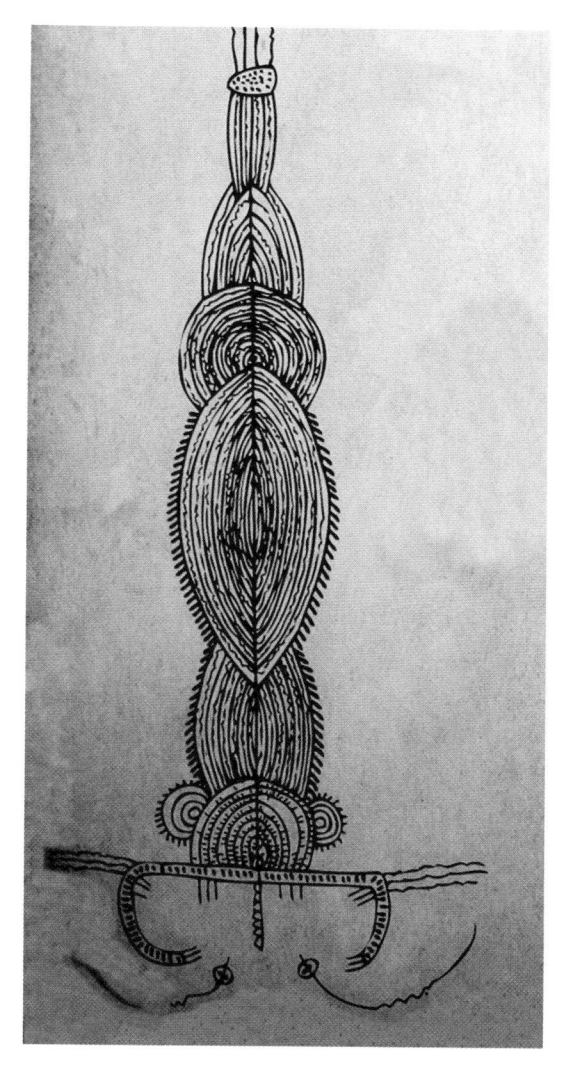

图 5-18 神蟒图

绘对象，以黑、白、灰为主要墨色来表现对象的明暗关系，以线条的疏密和点的运用来表现画面黑白灰构成效果，因此，其绘画技法应该是点、线、面的绘画技法，而非追求色彩要素的概念，从这个层面来讲，凉山毕摩绘画是一种单色的线描艺术，虽用单色作画，但画面效果富有内涵，无单调之感，且具有一种神秘的古朴的永恒色彩感，这就是所谓无色胜有色的画面效果。

二 毕摩绘画的艺术特征

彝族毕摩绘画艺术根基深厚，历史悠久，源远流长，在漫长的历史演进过程中形成了自己的艺术特征和审美意识，具体体现在毕摩绘画艺术的表现方式和艺术语言中。毕摩绘画艺术在彝族文化中，以图式化艺术的形式派生出来，并自成一体，体现出彝族毕摩造型艺术形式表现的深层内涵及特征。

（一）质朴与神秘

在众多民间美术中，都蕴藏着天然的质朴秉性。质朴乃原始天然之内在本质之意、不加修饰之容。质朴就是本色的淳朴与真率的状态。这也是民间造型的精髓所在。众多毕摩绘画以自然、率真、朴素的语言描绘物象，以质朴的画风塑造原始宗教的独特语境。众多的西南彝族毕摩绘画都有其自然而质朴的语言共性。同时，神秘是原始宗教艺术所共有的一种审美趣尚，地处西南的彝族传统毕摩绘画，由于地域偏远，交通闭塞，其审美旨向有鬼魅的"巫"的成分，主要归根于毕摩绘画是彝族的传统宗教绘画，原始宗教的审美情趣赋予了

图 5-19 神龙图

毕摩绘画神秘的形式美感悟和表现。无疑其形式与内容都有机地形成了毕摩绘画特有的地域民族性特征的质朴与神秘感。凉山彝族毕摩绘画充分体现了这种质朴性，同时作为彝族宗教绘画，也有神秘的内容与色彩。

（二）夸张与写实

任何造型艺术最常用的审美造型方式就是夸张与写实。夸张与写实既是对立的，又是统一的，在毕摩绘画中两者并存，呈现出的现象有必要提高到审美的高度加以探讨。"夸张"一词有两层意思：一是夸大，过甚其词。二是一种修辞手段，用夸大词句来形容事物的特点。这是文学艺术领域常用的一种手法，在彝族克智中人们用此方法来辩驳对方以夸大其词的语句和幽默的肢体语言展示其夸张的力度，而达到辩倒对方的目的。在毕摩绘画中，夸张的手法更是多见，诸如猛虎与其他动物或人和谐地在画面中出现。在造型处理上将方的画得更方，圆的画得更圆；短的画得更短，长的画得更长，等等。同时，以熟练的绘画技巧来表现夸张的韵味。夸张习惯与变形联系在一起，于是，很容易把夸张与变形混淆在一起。实际上夸张与变形是不能等同的。夸张是以不改变某些物象的基本的固有特征为前提，有时甚至要强化表征这种固有的特征。而变形则不同，它是以舍弃、改变事物的固有特征为前提，根据画家需要来取形，有时可取随心所欲的形进行塑造。如云南古代彝族毕摩绘画《勤耕致富》《父贤子孝》等。彝族毕摩绘画的夸张造型意识，起源于原始特性。原始美术中有许多夸张造型，是有万物有灵观念的物化形象，渗透彝族人对超自然的神秘幻想，毕摩绘画作品有意识地通过超自然的物质形态特性来赋予其原始宗教的神性。众多毕摩绘画图式中的夸张造型明显受到了原始造型思维的影响。再则，在毕摩绘画中写实造型也占很大的比重，这在云南、贵州彝族毕摩绘画中得到了充分的体现，无论是人物、动物、植物的描绘，还是神秘未知领域的事物的描绘都体现了毕摩绘画师娴熟的绘画技艺，且很多作品显现了毕摩绘画师的高超写实能力。如同古代中国画理论中所提到的传意模写、随类赋彩的高超境界。在描绘对象中，有许多作品是在尊重客观事物层面上来摹写的图式化语言。

图 5-20　母孔雀图

图 5-21　公孔雀图

（三）传统与现代

传统与现代是艺术发展历程中的两个不同概念。艺术发展同人类社会的发展一样，具有从古老的传统艺术逐步走向现代艺术的过程，彝族毕摩绘画发展到今天已呈现出古老的传统绘画与现代艺术双重的审美特质。传统而古老的成分主要体现在早期毕摩绘画和凉山彝族毕摩绘画中，这部分作品未受到外界绘画的影响，是纯粹的原始宗教的彝族绘画模式。此类绘画主要继承彝族古代的神秘的审美品质。西班牙画家米罗说："我喜欢历史上离我们最遥远的画派——原始的艺术家们。"越是远古画家越会单纯地描绘自己所想的事物，以孩子般的天真与童心般的好奇心理表现自己的内心世界。彝族毕摩绘画从总体看因受到外界绘画影响少，故依然尘封着古老原始的面貌。同时，随着时代的发展，贵州、云南的毕摩绘画因受外界的影响较多，部分作品已经包含了现代艺术的审美旨归。

第四节　毕摩绘画的审美意识

一　万物有灵意识

何谓灵？灵，灵巫也。古时楚称跳舞降神的巫为灵。《离骚》载："命灵氛为余占之。"屈原《九歌·湘夫人》："灵之来兮如云。"灵还有很多含义，如灵活、灵巧、机灵、灵神、灵丹、灵透、灵验、灵魂、灵通等。"感之既久，遂有灵通之意"——《西游记》。灵也是习画之人在不断修炼过程中所悟到的巫师通灵般的感觉，即在直面自己的画面时，进入挥毫自如、不焦不躁、情如止水的境界。彝族人在对事物的认知上，继承了原始古老的万物有灵观念。彝族毕摩认为大自然中的一切事物都有灵附体的，诸如山水、树木、土石等都有灵，彝语为"瑟曲"。在彝族人的世界里到处充满着神，诸如日月神、山神、水神、树木神、动物神等，这是万物神灵的世界。毕摩在进行绘画艺术创作时，始终带着一种对万物之神灵的膜拜之心，以各种美丽的图案或造像描绘彝族人内心的鬼魅世界。

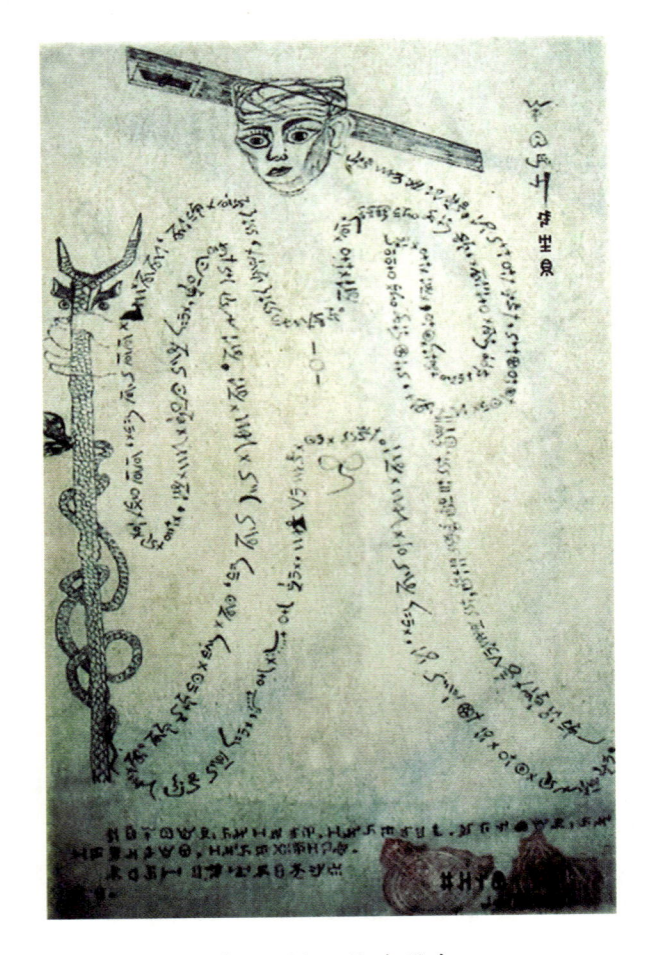

图 5-22 纳迪玛木

二 意念意识

意念，即意识（包含显意识、潜意识）而成信念的精神状态。此处的"意念"特指彝族宗教神职人员在进入绘画状态时，在大脑中闪现的幻觉和想象。它"舍弃"了一切中间环节，具有想象的"穿透力"。毕摩绘画注重用意念作画，有些作品甚至是在做宗教仪式活动过程中创作的，在潜意识与显意识高度融一的状态下，一边念经一边描绘，图文并茂、相得益彰地进行；有的是在抄诵经文的过程中用意念作画，"意到气到"，"以意领气"，"一气呵成"，讲究绘画的"灵性"与"神性"。所以，可以通过意念对事物的诠释赋予信息量，毕摩绘画师运用这样一种原理投射在其绘画创作中，在有意与无意状态中，描绘自我心灵世界之物象，使其绘画作品呈现天、地、人合一的境界，以达到用意念的控制力来描绘作品。

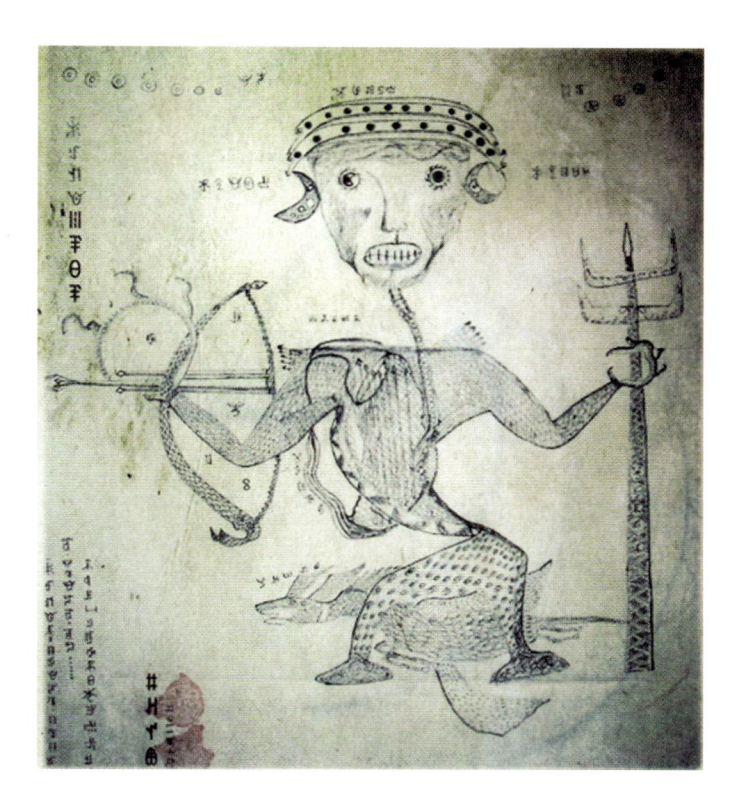

图 5-23　支格阿龙

三　线、形意识

达·芬奇说过："最初的画只有一条线，这就是墙壁上包围着太阳投射出的人影的线。"线作为面的重要因素，在物象造型中起着至关重要的作用。没有线就没有面，没有面就没有形，无形则没有空间可言。毕摩绘画艺术更多的是在二度空间中的纵横驰骋的线条描绘，除综合材料及草扎鬼神、插神枝、原始泥塑外，其绘画作品都是平面化的。毕摩绘画艺术主要成分是线的艺术，以线条表现形，线是人类观察世界、表现世界的"想象性的抽取"，是绘画最基础的语言和构成形式。对于西方人来说，线是形态语言，是形状，是激情表现的凸显。而对毕摩来说，线是表意语言，是取象达意的骨架。毋庸置疑，线条从来就不是客观的真实存在,而是主观认识对客观事物的视觉抽象,因此,它带有极大的主观性和浓重的感情色彩。正因如此,线条在表现毕摩绘画师心灵中的形象时发挥了无穷的魅力。

图 5-24 草偶

四 色彩意识

色彩是任何绘画艺术难以回避的造型要素。只有色彩才能赋予万物以生命,因此东西方美术界都重视对色彩的研究。科学意义上的色彩学最初的基本色相是:红、橙、黄、绿、蓝、紫。在各色中间加插一两个中间色,其头尾色相,按光谱顺序为:红、橙红、黄橙、黄、黄绿、绿、绿蓝、蓝绿、蓝、蓝紫、紫、红紫。红和紫中再加个中间色,可制出十二个基本色相。在彝族毕摩绘画艺术中对色彩的研究已经得到了重视。据陈长友《黔西北彝族美术》中载:"远古哎出现,哺形成以后……出个举腮则,画华丽的图,绘美丽的景。"由此可见,彝族人在原始部落时期就开始了对色彩的研究。只是因地域差异，各地毕摩对色彩的研究认识程度还有较大的差异。在云、贵、川三地彝族毕摩的比较中，不难看出云南彝族毕摩对色彩的研究相对走到了前列。从云南新平毕摩绘画如《君长功名》《八女七星》《母子图》中，凸显毕摩绘画师们已对红、黄、蓝、紫、褐、绿、橙等多种颜色进行了熟练的运用。

五 材质意识

材质作为绘画艺术不可缺少的媒介，在毕摩绘画艺术中起着至关重要的作用。何谓材质？简单地说就是物体看起来是什么质地。材质可以看成材料和质感的结合。在渲染程式中，它是表面各可视属性的结合，这些可视属性是指表面的色彩、纹理、光滑度、透明度、反射率、折射率、发光度等。正是有了这些属性，才能让我们识别三维中的模型是什么做成的，也正是有了这些属性才会使绘画和真实世界一样缤纷多彩。一切造型艺术都是借助不同材质来表现其不同的视觉效果的。毕摩绘画艺术在材质运用上，常见的有兽皮、木板、黏土、纸本、草木、树枝、竹、布料、各类线等，不同材质根据不同需要来使

图 5-25 毕摩在做作法准备工作

用，在视觉效果上也会出现不同的质地美感。

第五节 毕摩绘画的价值与功能

一 毕摩绘画的价值

毕摩绘画是中国绘画中的一朵奇葩，对于研究人类原始绘画艺术与文字的发生、发展史具有不可替代的价值。彝族文字系统从原初的图画、象形向指示、会意到表音方向发展，而彝族毕摩绘画艺术始终保留着最初时代的面貌，对于研究中国文字发展史，见证彝族及中华民族古老的艺术文明具有重要的学术研究价值。

（一）历史文化价值

毕摩绘画是彝民族在绘画艺术和文化传统方面的民族认同、心理认同的重要纽带，具有重要的民族学、人类学、艺术学的研究价值，对于提供传统艺术教育模式具有不可替代的作用。彝族毕摩绘画艺术以原始宗教艺术为切入点，以图画、装置、雕塑等综合艺术为基本的表现手法，塑造并表现彝族人物质与精神领域的宇宙人文、神话传说、生产生活、劳动出行、打猎砍柴、预测占卜、神枝示意等图式化特征。

1. 神话传说

神话传说是人类不可缺少的文化组成部分。在东西方不同的文化语境下产生了众多史诗般的神话传说，内容涵盖人类起源、宗教活动、传世英雄等。彝族毕摩绘画艺术的主要内容有支格阿龙、日月神、古恐龙神、凤凰神鸟或孔雀神等彝族古代传说故事中常出现的元素。这些神话传说中的人与物用绘画语言的形式描绘出来后又给人以异样的体味，以直观而怪异的，以点带面、线面结合的艺术语言呈现了彝族人的传统审美情趣。在毕摩绘画中，以彝族古代英雄支格阿龙的形象最为普遍与突出。毕摩们将支格阿龙的身体呈方形喻示撑起天宇的四根铜柱，也象征着大地四方，体现着支格阿龙脚踏大地、头顶天空的气宇轩昂之势。画在支格阿龙上方的日月图符和左右手边的弓箭、铜网兜和铁叉、铜锤等武器，以及下方长着翅膀的飞马等形象，既与经文中对支格阿龙"左眼似日辉，右眼如月耀……"的描述相对应，又暗示出英雄支格阿龙用铜锤和铜网兜制服雷神、用弓箭和铁叉射日捉月、降伏吃人的飞马等多项传说中的英勇事迹。支格阿龙是彝族古代传说故事中一位有勇有谋、充满智慧、为民除害的大英雄，它体现彝族人的精神层面的追求与崇尚。

2. 生产生活

彝族人民在自己的繁衍领地勤劳地劳动着。耕作播种、砍柴取水、出行打猎、铸造打铁、婚丧嫁娶等题材构成了一幅幅美丽的画面图景。在彝族学者张纯德教授编著的《彝族古代毕摩绘画》中有一件作品《耕田插秧》：近处的田地远处的丛山，有一前一后卷着裤腿的两位农民正在田地里插秧，其后还有一位头戴斗笠挥舞着鞭子正在耕田的农夫，构成了错落有致生动而自然的画面。作品线条简洁，施以黄、绿、红、蓝等色彩，观后仿佛使人回到了云贵高原上那片彝族人祖祖辈辈生活的地方。在另一件《犁田栽秧》作品中也把一幅彝族人勤耕劳作的美好画面展现出来。此画构图以较为典型的平面二维空间的形式展开，变化中求统一，凌乱中带有序，充分展示了毕摩绘画家对画面的驾驭能力。画中笔法随意中见人物生动，熟练中见真功，以较为纯粹的线描与设色相结合的手法营造了一幅山里彝族人融劳作与娱乐为一体的世外桃源式的自给自足的人间乐土画面。画中出现了耕地、插秧、嬉戏、赶鸭子等的大人与小孩，还有具有云南彝族人特色的建筑戏台与阁楼。色彩上多用绿色、蓝色、红色、紫色等，在画面中各色呼应运用，更强化了画面的表现力。

3. 族人图案

在彝族毕摩绘画中，图案设计也是重要的内容之一。其随意简约地绘制出毕摩艺术特有的图案样式。它往往以经书花边或文中图案的形式出现，给人以神秘、装饰、点缀、版式分隔等作用。

任何民族的绘画都有传承与发展的过程，彝族绘画艺术也有自己的发展轨迹，即从传统的毕摩绘画向现代的彝族绘画艺术拓展的脉络。由此可以推断，一个没有美术的民族是没有文化的民族，同样可以推论，一个拥有众多绘画作品问世的民族，是一个文化根基深厚、富有内涵、懂得审美、追求完美的民族，因此，毕摩作为彝族艺术的集大成者，以文化使者的特殊身份折射着彝族人的宗教文化、生活习俗、天文地理、人文历史等方方面面，同时也以图语的形式直观地展现彝族文化的深层内涵之魅力，从众多彝族毕摩绘画中我们能感悟到其深邃的蕴含和绘画艺术本源之魅力。因而毕摩绘画艺术对研究彝族人的政治、经济、历史、文化、天文、历法以及对神秘宇宙的探索等都会有一定的参考价值。毕摩绘画是彝族文化历史的图语化，对于提供传统艺术教育模式、传承人类文明具有重要价值，对于繁荣和发展民族文化艺术具有重要的历史意义和现实意义，为此，毕摩绘画具有深远的民族绘画艺术价值。

（二）宗教思想价值

众所周知，没有绘画作品的存在与支撑，任何宗教文化都是苍白的。宗教作为一种人类文化活动，不外乎是通过语言、文字、图像等途径来实现。从研究视角来看，毕摩绘画艺术应从以下几个方面来认知其宗教思想价值。

1. 以造型思维塑造自我体现宗教价值

在众多的宗教艺术的创造者或神职人员中有一共同性就是先从自身的形象设计与创造开始。毕摩作为彝族人宗教文化载体和绘画艺术的创造者，对自己形象化的设计和创造给予了一种较为统一又求变化的形象设计。这种典型的形象使人们能一睹便知毕摩的身份。主要从服饰和法器上就能辨识。主要的法具有神笠、神签筒、神扇、神铃、经书口袋五种，都有绘画图案的痕迹。毕摩祭司们在这设计和塑造自己的这些法具时都体现出各自的创造能力。"神笠"是彝族毕摩最为典型的装束，是大山里彝族祭司神圣不可侵犯的高贵之象征。神笠大多以竹编制而成，形状如斗笠，在竹斗笠上盖上一层黑色的羊毛毡，用线固定好并在顶部加一个圆形的造型以区别于一般的斗笠，特别讲究的还有在斗笠面上做金或银的装饰。毕摩一戴上神笠就会给人以庄重、高贵之感，在超度送灵仪式或大型的宗教祭祀活动中必戴着它以示其神圣高贵的地位。另外，"神签筒"也是毕摩不可缺少的法器，主要用于预测和占卜。神签筒其实是一件精美的艺术品，其造型大多是一根上下两节扣合而成的圆形的木筒，盖子的头部往往是以"V"字形的龙嘴开口状来塑造的，筒内装有18根或11根神签，神签是用在彝族人认为有神灵的名山上采来的竹子制成，占卜时以单双数来测吉凶。神签筒的木质、造型、漆色都能体现出不同毕摩的不同工艺。"神扇"是竹编手工制作的扇形法器。用竹片编成一个带7个小圆或小方形的扇形造型，再由刻有鹰或虎图案的木柄固定好，有的也使以黑、红、黄等各种传统颜色，使神扇从造型到色彩都独具一种神秘的宗教色彩味。"神铃"也是大毕摩不可缺少的法器之一，多以黄铜质材手工铸制而成，其铃身镌刻有各种彝族毕摩神灵鹰等图案，制作精美的"神铃"具有很高的学术审美价值。以上趋于自我设计的造型形象体现出毕摩绘画艺术的综合性和包容性的宗教意念。

图 5-26 毕摩法具

2. 以图像造型表现直观语言折射宗教价值

绘画作为毕摩经书中插图或注解释义的符号语言和美化经书版面的尾花等，是毕摩绘画艺术中不可缺的重要内容之一。从毕摩图为文和图为字的痕迹中可以追溯到彝族文字源头，即象形文的时代。从毕摩绘画内容中可以体会其深邃的彝族原始宗教气息，这一久远习俗一直延续到今天的彝族社会，并以宗教神图的形式外化着彝族人的原始教旨。

彝族毕摩塑造的综合艺术指的是在作毕中根据法事活动的需要所制作的各种鬼神偶像、泥塑、鬼板等，材质主要用草、麻线、胶泥、木板等。"鬼神偶像"是在毕摩作毕仪式活动中，以抽象表现的形式用草、麻线、稻草等塑造出的各种鬼怪，这些兼于抽象和具象之间的鬼怪造型，有大鬼抱着小鬼的，也

图 5-27　泥偶与草偶

有小鬼簇拥着大鬼的；有披头散发的，也有头戴白帽的，各式各样的鬼魅偶像构成了丰富多彩的毕摩作毕仪式上的造型形象。为毕摩绘画艺术增添了既原始又现代的造型艺术氛围。"泥塑"中以小鬼"狄牟"形象塑造为多见。据毕摩祭司讲，有些小孩死后会变成"狄牟"，在狄牟出没的地方如人受伤流血就容易有狄牟缠身，使受伤者的伤口剧烈疼痛，犹如针刺一般痛得难忍，此时毕摩往往会给伤者驱"狄牟"。驱此类狄牟小鬼主要有两种方式，一种是用其法力巫术直接驱鬼，据说能这样做的毕摩都是一些法力高强的大毕摩；另外一种是前面所说的泥塑驱鬼法。以狄牟泥塑为载体来做法事，这是一种以宗教艺术的手法转移病症的方式，在驱狄牟和日补格补等仪式时常用。由此可见，毕摩绘画艺术作为彝族宗教艺术，首先它是为宗教文化服务的，是传导毕摩教义的意识载体或用图语造型阐释经书内容的一种宗教艺术方式。

(三) 审美艺术价值

彝族毕摩绘画艺术以其独特的绘画方式，以拙稚古朴、浑然天成，神秘率真、生动丰富的面貌，从"画骨"到"画灵"体现出远古人类可贵的探索精神和彝民族独特的审美观念，成为中华民族多元文化中一道独特的文化景观，为现代绘画艺术提供了远古艺术文明的借鉴。

1. 独特的"根骨"或"髅骨"审美意识

任何民族在其绘画艺术发展长河中都有着自身的轨迹，彝族绘画也有其不同于其他民族的发展与演变的过程。作为彝族古老绘画延伸到今天我们所能看

图 5-28　毕摩绘画的展示

到的毕摩绘画，无疑是彝族绘画的根脉之所在。在对大小凉山及云、贵、川毕摩绘画艺术的考察中，发现其各地因地域和受外界影响的程度不同而具有不同的发展趋向。贵州与云南的彝族毕摩绘画已不同程度地受到外民族绘画的影响而包含了一定的现代绘画元素的成分。凉山彝族毕摩绘画用点、线、面结合的表现方法进行描绘，遵循传统的根骨技法造型的原则，即不以由表及里的外形轮廓的造型方法来描绘所画对象，而是以由里及表，注重以主观想象的内在结构形造型的方法来塑造物件形象，即从内部结构向外扩张塑造，"画龙画虎先画骨"，观其外形必从骨始，绘画造型不注重"外貌"（外形）而注重"内质"（骨架），讲究突出的是主观的结构特征，形成了独特的结构画法，这也是抽象提炼的图像符号面貌。从这个意义上讲，四川南部大小凉山彝族毕摩绘画在绘制技法和风格语言方面都呈现出与众不同的图式特征，这样一种现象的形成与大小凉山的彝族毕摩长期以来生存在大山深处而很少受到外界的影响直接有关。在这相对封闭的深山老林里毕摩大师们用自己的智慧创造了独特的绘画语言"根骨"画法或"髅骨"画法。即绘万物皆从内质起，谓之由里及表的描绘方式，这与其他绘画由表及里先看外表再画本质的描绘方法是完全不同的，这样一种唯有彝族毕摩绘画才拥有的特色风貌，提升了彝族绘画之源的审美含金量以及艺术研究价值。用最原始简易的竹签为画笔，以锅烟灰、动物血、赤土研磨成墨黑或红色，在兽皮、布料、纸、木板、鬼魅偶像上描绘，它从"内质结构"入手，创造了独特的"根骨"画法、"髅骨"画法。即用随意、扭曲、变形的手法描绘对象，从内往外画，先画"骨"，后画"皮肉"，观物之表而绘物之里，反其道而行之，是凉山彝族毕摩独特的绘画技法，这是毕摩绘画师寻求艺术样式的最高境界，毕摩绘画师能悟出这一意念式绘画技法，并运用于实践中，是彝族毕摩绘画语言的探索中最大的突破。这种绘画理念来源于彝族人更深层次的哲学思想，彝族人是最讲究"根骨"意识的。彝族先民有用根骨思想划分等级的习俗。以骨头的纯正程度来鉴定其地位和等级，由此划分出骨头"硬"或"软"，即"高贵"或"低贱"。这种崇骨习俗在凉山彝族毕摩绘画中得到了充分的体现。在日常生活中或人们的精神领域也讲"骨气"、"骨力"等。这与凉山彝族毕摩绘画中的"内质结构"画法有直接的关联。

2. 古朴而神秘的线描艺术

在今天众多的彝族毕摩古籍中蕴藏着许许多多彝族毕摩绘画，以鬼魅的艺术语言描绘并诠释着经书的内容，它们就是彝族古老绘画的历史见证和实证依据，用封存着的面貌展现在世人面前，便于让后人去探索和研究这来自古老艺术的根与脉，其绘画方式总的来说是一种线的艺术，既有东方绘画线的特质，又有彝民族毕摩特有的审美习惯与表现方式。同时，彝族作为大西南的主体民族，因分布辽阔，各地毕摩在绘画风格上，虽多以线面为其表现手法，但呈现出来的风格语言各异，因此，更有丰富的形式语言让我们品鉴和研究，其内容之丰富而厚重，形式之多样而高深，绘画技巧之娴熟可见一斑，充分展现了毕摩绘画大师炉火纯青的创造能力和捕捉能力，或粗中有细，或行云流水，或稚拙童趣，具有不可替代的特色鲜明的彝族传统绘画风采和宗教艺术价值，其作为彝族的传统绘画之源，体现出很高的学术研究价值，是绘画艺术人类学的活化石，也是彝族传统绘画传承和发展的重要基石。

作为族人宗教绘画领域的古朴而神秘的线描艺术，毕摩的人物画是一幅人体的骨架线条结构图，却又特别重视性别特征，飞禽走兽等动物画则抓住典型特征来区分表现，强调画面中"线条"的运用，强调艺术的变形、怪诞、空灵、拙态、稚嫩、素雅。体现出拙雅质朴、浑然天成的韵味，作为原始宗教绘画的彝族毕摩绘画是一门独特的艺术门类，至今保留了古、奇、拙、浓的原始绘画的形态。正是这种神秘而率真、生动中带几分稚趣而程式化的绘画形式，力透着的是原始艺术的韵律、节奏以及彝族人的多种思考经验而后逐渐创造归纳成的毕摩式的符号特征，"为宇宙万物之抽象表现，已具备后世绘画写生之法"，体现出彝族先民独特的审美情趣和艺术品格，为现代绘画艺术提供了远古文明的历史借鉴，同时，对于研究彝族绘画艺术的发展史、生产生活、文化习俗、天文历法、自然地理等具有重要意义。

二 毕摩绘画的功能

任何艺术都有其特有的功能，毕摩绘画作为彝族原始宗教绘画，有其他艺术所不能替代的功能，主要体现在对彝族传统绘画传承和发展上。千百年来，其绘画语言的形式，在彝族毕摩文化中始终是一个亮点，以其神秘的色彩吸引着众多的观赏者和研究者。

1. 服务功能

毕摩绘画作为彝族的宗教图画，它首先是为毕摩（祭司）服务的。浩如烟海的毕摩经书主要用古彝文写成，在文字的基础上附上毕摩们符号化的程式图像，便强化了经书的内容，也使经书更有了灵性。聚日、月、星辰、支格阿龙的力量于经书中，使经书充满着有求必应、驱除人间疾苦的愿望。如果毕摩经书抽取绘画只留下单调的文字，那是枯燥乏味的，因此，毕摩祭司发挥其智慧，在单调的文字中附上图语，以图画的形式阐释经书的内容，以图文并茂的形式来强化经书的传播力，从这个意义上讲，毕摩绘画作为宗教绘画，是为毕摩文化的传承服务的。

2. 教育功能

毕摩绘画与其他绘画作品一样给人们以思想教育和道德教育。在毕摩文化中，始终以一种宗教特质的正能量来描绘其绘画作品，譬如传说支格阿龙是足智多谋、惩恶扬善、决胜一切的英雄人物，在毕摩绘画中普遍以此为题材，将支格阿龙的素材打造成毕摩绘画永恒的题材，使毕摩绘画拥有"恶以诫世，善以示后"（《鲁灵光殿赋》）的教育作用。从这个层面来讲，毕摩们把英雄、勇敢、勤劳、智慧的人性之美作为赞颂的主要内容来表现。

3. 审美功能

好的绘画作品总能给予人美的享受，彝族毕摩绘画以其独特的"内质结构"画法描绘的"太阳神、月亮神、支格阿龙、龙凤图"以及插神枝示意图和插图尾花等，无一不给予人们以活泼、神秘、神奇、优美、耐人寻味的美感，具有赏心悦目的效果。无论色调单纯、古朴神秘的凉山彝族毕摩绘画，还是风格各异、语言丰富、色彩多样、墨色皆备的贵州与云南毕摩绘画，都以极高的绘画品位抓住人们的心灵，充分展示了彝族古老而神奇的宗教绘画之魅力。

综上所述，作为原始宗教文化领域的彝族毕摩绘画艺术，我们通过对众多毕摩绘画作品的认真品鉴、研究、梳理，认识到，它是彝族原始宗教艺术的延续和发展的产物，从这些淳朴与率真、单纯与原始的线描造型中，感悟到古老的彝族"文化层"的深厚底蕴。在其内容、形式、审美意识上都有自己独到的理论认知。从内容上看，其绘画艺术是为彝族毕摩宗教的教义服务的，其出发点和落脚点都与毕摩宣扬的彝族毕摩文化和彝族人的日常生活密不可分。从形式上看，以图语的方式或以装置综合材料、泥塑的形式诠释了彝族的毕摩文化，使人能直观感悟和领略神秘的毕摩文化，用绘画、模型、泥塑、剪纸等直观形象思维阐释晦涩的文字内容，以达到普度众生之目的。毕摩绘画艺术作品折射出彝族人传统的审美意趣。正如古希腊卢奇安所说："艺术家只是雕刻，把象牙锯开，旋光，把它们粘接在一起，使之具有适当的形状，用金子装饰起来。他们的艺术在于适当地加工他们的原料。"① 做到物质原料载体与审美意识精神的完美结合，构成了人们的审美指向，彝族毕摩绘画艺术在长期的实践中，形成了自成体系的审美意识，具体表现在万物有灵、根骨意识、线条与色彩等上，从中我们提炼出了其无穷的艺术审美价值以及功能。我们应该从文化传承与发展的视野，更多地思考彝族毕摩绘画人才队伍的培养和保护，让这一古老的彝族传统绘画永远延续下去，为中华民族的文化繁荣作出应有的努力。

---

① 选自陈洪文译《欧美古典作家论现实主义和浪漫主义》，中国社会科学出版社1981年版。

附录 凉山州国家级非物质文化遗产代表作名录

序号	项目类别	项目编码	项目名称	申报地区或单位	批次
1	民俗	Ⅸ—10	彝族火把节	四川省凉山彝族自治州	第一批
2	民间文学	Ⅰ—75	彝族克智	四川省美姑县	第二批
3	传统音乐	Ⅱ—136	口弦音乐	四川省布拖县	第二批
4	传统舞蹈	Ⅲ—67	甲搓	四川省盐源县	第二批
5	传统技艺	Ⅷ—101	彝族毛纺织及擀制技艺	四川省昭觉县	第二批
6	传统技艺	Ⅷ—128	彝族漆器髹饰技艺	四川省喜德县	第二批
7	传统技艺	Ⅷ—40	彝族银饰制作技艺	四川省布拖县	第二批
8	传统音乐	Ⅱ—115	藏族民歌（藏族赶马调）	四川省冕宁县	第三批
9	民俗	Ⅹ—129	彝族年	四川省凉山彝族自治州	第三批
10	民俗	Ⅹ—139	婚俗（彝族传统婚俗）	四川省美姑县	第三批
11	民间文学	Ⅰ—141	毕阿史拉则传说	四川省金阳县	第四批
12	民间文学	Ⅰ—152	玛牧	四川省喜德县	第四批
13	传统音乐	Ⅱ—163	毕摩音乐	四川省美姑县	第四批
14	传统音乐	Ⅱ—163	洞经音乐（邛都洞经音乐）	四川省西昌市	第四批
15	传统美术	Ⅶ—128	毕摩绘画	四川省美姑县	第四批
16	传统技艺	Ⅷ—100	傈僳族火草织布技艺	四川省德昌县	第四批
17	民俗	Ⅹ—156	彝族服饰	四川省昭觉县	第四批
18	民俗	Ⅹ—90	凉山彝族尼木措毕祭祀	四川省美姑县	第四批

参考文献

1. 罗杨主编：《追寻中国梦〈风从民间来〉采风文论集》，中国文史出版社 2014 年版。
2. 凉山州文联编：《凉山彝族民俗文化》，中国文联出版社 2006 年版。
3. 吉则利布选编：《凉山彝族童谣》，四川民族出版社 2014 年版。
4. 楚雄州文联编：《楚雄彝族民俗大观》，云南民族出版社 2005 年版。
5. 《中国音乐词典》编辑部编：《中国音乐词典》，人民音乐出版社 1985 年版。
6. 中央民族学院少数民族文学艺术研究所编：《中国少数民族乐器志》，新世界出版社 1986 年版。
7. 四川音协编：《四川省民族民间音乐研究文集》，大众文艺出版社 2008 年版。
8. 凉山州《民器》资料卷编辑部编：《中国民族民间器乐曲集成·凉山彝族自治州资料卷》（内部资料），1989 年。
9. 罗蓉芝：《玛牡特依·彝汉文对照本》，四川民族出版社 2011 年版。
10. 贾瓦盘加、何刚：《彝族传统道德教育·彝汉对照》，云南民族出版社 2014 年版。
11. 马史火、阿牛木支：《凉山彝族社会传统家庭教育研究》，四川民族出版社 2008 年版。
12. 史军、潘煦：《解读〈玛牧特依〉——基于道德哲学的视角》，《西南民族大学学报》（人文社会科学版）2011 年第 9 期。
13. 杨理解：《试论彝族古代教育典籍〈玛牧〉的和谐精神》，《西昌学院学报》（社会科学版）2007 年第 3 期。

14. 蒋立松：《彝族传统教育经典〈玛牧特依〉主要内容及特征初探》，《西南大学学报》（社会科学版）2007 年第 5 期。

15. 马飞：《少数民族传统典籍的现代教育意义——彝族传统教育经典〈玛牧特依〉浅析》，《西昌学院学报》（社会科学版）2014 年第 4 期。

16. 陈长友：《黔西北彝族美术》，贵州人民出版社 1993 年版。

17. 张纯德：《彝族古代毕摩绘画》，云南大学出版社 2003 年版。

18. 周积寅：《中国画论辑要》，江苏美术出版社 2005 年版。

19. 盖山林：《阴山岩画》，文物出版社 1986 年版。

20. 陇贤君：《中国彝族通史纲要》，云南民族出版社 1993 年版。

21. 刘锡诚：《中国原始艺术》，上海文艺出版社 1998 年版。

22. 云南省民族事务委员会编：《彝族文化大观》，云南民族出版社 1999 年版。

23. 瓦其比火：《从原始符号到现代图式——云贵川彝族毕摩绘画概览》，《西南民族大学学报》2008 年第 3 期。

24. 瓦其比火：《彝汉文化交融的活化石——论博什瓦黑岩画的文化内涵》，《西南民族大学学报》2005 年第 12 期。

25. 瓦其比火：《论毕摩绘画艺术的形式表现与审美意识》，《四川戏剧》2009 年第 5 期。

26. 瓦其比火：《传承于民间的古老画语——彝族毕摩绘画溯源》，《美术大观》2007 年第 10 期。

27. 瓦其比火：《对母族文化的梦幻性图式解析——读俄狄史卓的绘画艺术》，《美术大观》2009 年第 3 期。

28. 瓦其比火：《物语的自述——试论彝族毕摩绘画艺术的工具与材料》，《西昌学院学报》2006 年第 3 期。

29. 瓦其比火：《毕摩绘画艺术与彝族文化内涵初探》，《民族》2009 年第 9 期。

后　记

凉山非物质文化遗产资源丰富，底蕴厚重，具有较高的历史传承价值、审美艺术价值、科学认识价值和社会和谐价值。凉山加大非物质文化遗产名录的普查、申报和保护进程的工作力度，并发掘出一大批国家、省、州、县级非物质文化遗产名录，但社会对其的了解程度和认知水平还远远不够，为此，编写出版一套《凉山州非物质文化遗产名录丛书》成为当前迫在眉睫的重要议题。

《凉山州非物质文化遗产名录丛书》是在凉山州文化部门的组织和支持下，于2014年12月确定了编委会和编写组成员，并力求全面、客观、详尽地介绍各级"非遗"名录的历史文化背景、主要内容、基本特征和核心价值的原貌及其传承与保护的情况，做到资料性和学术性相统一，通俗易懂，深入浅出，图文并茂，推出广大读者喜闻乐见的大型精品图书。

本书作为《凉山州非物质文化遗产名录丛书》第一辑，其所收录的"彝族火把节"、"摩梭甲搓舞"、"彝族口弦音乐"、《玛牧》、"彝族毕摩绘画"五项国家级非物质文化遗产名录具有突出的代表性和广泛的认可度，今后我们还会将凉山州的其余各级名录汇编成册，陆续推出系列丛书。其目的是保留非物质文化遗产的完整性和真实性，促进非物质文化遗产的存续、传播与发展，并能真正起到存史藏志的作用。

本书是团队合作和集体智慧的结晶。由阿牛木支、安图制定了撰写大纲，并对全书内容进行统稿。其中第一章由吉则利布、沙马打各、安图编写，第二章由李达珠编写，第三章由曾令士编写，第四章由阿牛木支、吉伍依作编写，第五章由叶峰编写。各章节的摄影作品由游小军、邹森、单孝勇、冷文浩、孙志阳、阿牛史日、马飞等提供，附录由姚永梅、杨庆提供，他们还多次参与了全书撰写思路的研讨，提出了诸多建设性意见。本书在撰写过程中，根据前期各项目名录申报文本，在参考和汲取了相关文献资料和研究成果的同时，结合现行田野资料作了补充完善。除此之外，我们对凉山州文化广电新闻出版局的关怀、指导，中国社会科学出版社的积极支持以及众多朋友的悉心帮助，一并深表谢意！

全书虽力求准确和全面，但编写作者文风不一，加之囿于时间和水平，在具体内容编写中仍有疏漏与不当之处，谨祈读者批评指正。

编写者

2015 年 4 月 6 日